essentials

Essentials liefern aktuelles Wissen in konzentrierter Form. Die Essenz dessen, worauf es als „State-of-the-Art" in der gegenwärtigen Fachdiskussion oder in der Praxis ankommt. *Essentials* informieren schnell, unkompliziert und verständlich

- als Einführung in ein aktuelles Thema aus Ihrem Fachgebiet
- als Einstieg in ein für Sie noch unbekanntes Themenfeld
- als Einblick, um zum Thema mitreden zu können

Die Bücher in elektronischer und gedruckter Form bringen das Fachwissen von Springerautor*innen kompakt zur Darstellung. Sie sind besonders für die Nutzung als eBook auf Tablet-PCs, eBook-Readern und Smartphones geeignet. *Essentials* sind Wissensbausteine aus den Wirtschafts-, Sozial- und Geisteswissenschaften, aus Technik und Naturwissenschaften sowie aus Medizin, Psychologie und Gesundheitsberufen. Von renommierten Autor*innen aller Springer-Verlagsmarken.

Uwe Seebacher • Jörg Forthmann

Der Nachhaltigkeits-Code

Wie Predictive Sustainability Intelligence Nachhaltigkeit messbar, entscheidbar und steuerbar macht

Uwe Seebacher
Akademisches Institut für Qualitative Methoden und Professionelle Strukturen (AQPS)
Graz, Österreich

Jörg Forthmann
Faktenkontor GmbH
Hamburg, Deutschland

ISSN 2197-6708 ISSN 2197-6716 (electronic)
essentials
ISBN 978-3-658-50765-7 ISBN 978-3-658-50766-4 (eBook)
https://doi.org/10.1007/978-3-658-50766-4

Die Deutsche Nationalbibliothek verzeichnet diese Publikation in der Deutschen Nationalbibliografie; detaillierte bibliografische Daten sind im Internet über https://portal.dnb.de abrufbar.

Planung/Lektorat: Maximillian David
Springer Gabler ist ein Imprint der eingetragenen Gesellschaft Springer Fachmedien Wiesbaden GmbH und ist ein Teil von Springer Nature.
Die Anschrift der Gesellschaft ist: Abraham-Lincoln-Str. 46, 65189 Wiesbaden, Germany

Wenn Sie dieses Produkt entsorgen, geben Sie das Papier bitte zum Recycling.

Vorwort

Nachhaltigkeit ist längst kein freiwilliges Add-on mehr, sondern eine Überlebensbedingung für Unternehmen, Organisationen und Gesellschaften. Doch während viele Nachhaltigkeitsinitiativen noch stark rückwärtsgewandt operieren – etwa durch reine Berichterstattung über CO_2-Emissionen oder die Dokumentation von ESG-Kennzahlen – fehlt oft der vorausschauende, handlungsleitende Blick nach vorne. Genau hier setzt **Predictive Sustainability Intelligence (PSI)** an.

PSI verbindet drei Dimensionen, die bislang in der Praxis meist getrennt behandelt wurden: **ökonomische Effizienz**, **ökologische Verantwortung** und **soziale Resilienz**. Der Ansatz geht deutlich über klassische **Business Intelligence** oder **Predictive Analytics** hinaus, die vor allem beschreibende oder prognostische Funktionen erfüllen. PSI steht für einen neuen strategischen Ansatz, der Prognosen mit präskriptiver Entscheidungsunterstützung verbindet und so konkrete **Next Best Actions** liefert, die in den Unternehmensalltag integriert werden können.

Dieses Essential baut auf dem bewährten **Playbook-Ansatz** auf, der in zahlreichen Projekten erprobt wurde, und übersetzt ihn in eine kompakte, wissenschaftlich fundierte Form. Dabei werden Erkenntnisse aus der internationalen Forschung – von Business Intelligence und Analytics (Chen, Chiang & Storey, 2012) über Predictive Analytics (Shmueli & Koppius, 2011) bis hin zu Prescriptive Analytics (Bertsimas & Kallus, 2020) – mit den Arbeiten der Autor:innen zu **Predictive Intelligence** (Seebacher, 2021), **Sustainable Futures** (Seebacher & Zacharias, 2025), **Mastering CommTech** (Seebacher, Forthmann & Mickeleit, 2025) und **Collective Intelligence** (Seebacher & Legat, 2024) verbunden.

Das Ergebnis ist ein praxisnahes Kompendium, das zugleich Orientierung, Struktur und Handlungsfähigkeit bietet. **Checklisten, Phasenmodelle und Fallstudien** helfen, die Konzepte unmittelbar auf die eigene Organisation zu übertragen.

Unser Ziel ist es, Entscheider zu befähigen, Nachhaltigkeit nicht nur zu managen, sondern aktiv zu gestalten – faktenbasiert, vorausschauend und wirkungsorientiert.

Wir laden Sie ein, **Predictive Sustainability Intelligence** als neues Denk- und Handlungsmodell kennenzulernen – und die Chance zu ergreifen, Ihr Unternehmen resilienter, nachhaltiger und zukunftsfähiger zu machen.

Prof. Dr. Uwe Seebacher (MBA)
Academic Institute for Qualified Methods and Professional Structures (AQPS)
Dr. Jörg Forthmann
Institut für Management und Wirtschaftsforschung (IMWF)

Was Sie in diesem *essential* finden können

- **Eine klare Abgrenzung**: Was genau ist *Predictive Sustainability Intelligence* – und warum ist es mehr als Business Intelligence oder Predictive Analytics?
- **Ein strategisches Framework**: Weshalb PSI ab 2025 kein „Nice-to-have", sondern ein unverzichtbares „Must-have" für jede zukunftsorientierte Organisation ist.
- **Technologische Grundlagen**: Welche Datenquellen, Modelle und Tools erforderlich sind – und wie sie zusammenspielen, um Next Best Actions in Echtzeit zu ermöglichen.
- **Konkrete Anwendungsfelder**: Von Energieoptimierung und Lieferkettenresilienz über Mitarbeiterbindung bis hin zu ESG-Reporting – wie PSI entlang der gesamten Wertschöpfung wirkt.
- **Ein Implementierungsleitfaden**: In vier Phasen zeigen wir, wie Unternehmen PSI erfolgreich einführen – organisatorisch, kulturell und technologisch.
- **Organisatorische Voraussetzungen**: Welche Rollen, Ressourcen und Governance-Strukturen notwendig sind, um PSI dauerhaft zu verankern.
- **Ethische und regulatorische Perspektiven**: Warum PSI keine Blackbox sein darf – und wie Transparenz, Verantwortung und Compliance gesichert werden können.
- **Ein Ausblick bis 2035**: Welche Entwicklungen in Technologie, Regulierung und Märkten zu erwarten sind – und wie Sie Ihre Organisation schon heute darauf vorbereiten können.

Inhaltsverzeichnis

1 Einleitung 1

2 Grundlagen von Predictive Sustainability Intelligence (PSI) 3
2.1 Die Kernkomponenten von PSI 4
2.2 Wissenschaftliche Fundierung von PSI 6

3 Perspektivische Betrachtung der Predictive Sustainability Intelligence (PSI) 9
3.1 Ökonomische Perspektive: Nachhaltigkeit als Werttreiber im Unternehmen 10
3.2 Ökologische Perspektive: Vorausschauendes Umweltmanagement als Wertschöpfung 13
3.3 Soziale Perspektive: Mitarbeiter, Kunden und Gesellschaft durch Vorhersagen stärken 16
3.4 Zusammenfassung 21

4 Umsetzung in der Praxis: Ein strukturierter Implementierungsplan 23
4.1 Phase 1: Fundament schaffen – Vision, Team und Datenbasis (Monat 1–3) 24
4.2 Phase 2: Pilotfelder definieren und Machbarkeit prüfen (Monat 4–6) 28
4.3 Phase 3: Ausrollen und Integrieren in Geschäftsprozesse (Monat 7–12) 31
4.4 Phase 4: Verankerung, Erweiterung und Kulturwandel (ab Monat 13) 34

5 Die 4 Erfolgsfaktoren für PSI 39
5.1 Vom Tool zum Mindset: PSI als Kulturwandel 40
5.2 Vier Schritte zur Einführung von PSI 41
5.3 Veränderung von Rollen und Fähigkeiten 43
5.4 Interne Zusammenarbeit und Governance 43

6 Organisatorische Voraussetzungen und Change-Management 47
6.1 Voraussetzungen im Unternehmen 47
6.2 Change-Management und Mitarbeiter-Einbindung 50
6.3 Mögliche Stolpersteine 51

7 Herausforderungen, ethische Aspekte und Ausblick 55
7.1 Ethische und datenschutzrechtliche Überlegungen 55
7.2 Gefährliche Industriespezifizierung 56
7.3 Zukünftige Entwicklungen und Ausblick 59
7.4 Fazit und Ausblick: Der Weg in unsere nachhaltige Zukunft 62

Was Sie aus diesem *essential* mitnehmen können 65

Literatur 67

Über die Autoren

Uwe Seebacher gehört zu den international führenden Methoden- und Strukturwissenschaftlern. Er promovierte in Betriebswirtschaftslehre und ist mit mehreren renommierten internationalen Universitäten und Business Schools affiliiert. Als Autor und Mitglied des *Harvard Business Review Advisory Council* sowie des *Executive Review Board* der *Academy of Management (AOM)* bringt er wissenschaftliche Exzellenz mit unternehmerischer Praxis zusammen. Uwe Seebacher gilt als Vordenker zentraler Management- und Intelligenzkonzepte unserer Zeit. Auf seine Arbeiten gehen unter anderem das Template-based Management (TBM), die FIBS-Welt, der Emerald Deal sowie das Konzept von Effizient Faul und der Large Understanding Models (LUMs) zurück – Ansätze, die Organisationen dabei unterstützen, von reiner Effizienz zu Sinn, Verantwortung und nachhaltiger Entscheidungsfähigkeit zu gelangen.

Seebacher verfügt über mehr als 35 Jahre Erfahrung als Business Angel und Investor, Berater, Führungskraft und Unternehmer – mit Stationen in der Medien-, Produktions- und Dienstleistungsbranche. Er ist ein gefragter Keynote Speaker und Panelist sowie Autor und Herausgeber von über 60 Fachpublikationen bei führenden Verlagen – darunter:

- B2B Marketing Guidebook (Springer, 2025)
- Mastering CommTech (Springer, 2025)
- Sustainable Futures (CRC Press, 2026)
- Effizient Faul (edition a, 2025)
- Marketing and Sales Automation (Springer, 2023)
- Reengineering Corporate Communication (Springer, 2022)
- Assets-as-a-Service (Springer Gabler, 2021)
- Data-driven Management (Springer Gabler, 2021)
- Predictive Intelligence for Managers (Springer, 2021)
- Praktisches Handbuch B2B Marketing (Springer Gabler, 2023)
- Marketing Resource Management (AQPS, 2021)
- Handbuch Leadership Development (Linde, 2006)
- Template-based Management (Springer, 2020)
- Personalmanagement in Europa (Harvard Business Manager, 2009)

Für seine innovativen Konzepte und Initiativen – u. a. mit Allianz, der Europäischen Union, der Wirtschaftskammer Österreich, Bayer Leverkusen und BASF – wurde er mit zahlreichen Auszeichnungen geehrt, darunter dem *Diskobolos Innovation Award* der Europäischen Wirtschaftskammer und dem *Exportpreis 2016* der Wirtschaftskammer Österreich.

Weitere Informationen: www.uweseebacher.org

Kontakt: uwe.seebacher(at)aqps.eu

Jörg Forthmann startete seine Karriere mit einer fundierten journalistischen Ausbildung. Erste berufliche Stationen führten ihn als freier Journalist zum *Hamburger Abendblatt* und als PR-Berater nach Hamburg. Anschließend wechselte er in die Presse- und Öffentlichkeitsarbeit der Nestlé Deutschland AG, wo er als Assistent des Pressesprechers insbesondere für Unternehmens-, Marken- und Krisenkommunikation verantwortlich war.

Von 1999 bis 2002 leitete Forthmann die Unternehmenskommunikation der Mummert Consulting AG. Danach wurde er geschäftsführender Gesellschafter der Faktenkontor GmbH, wo er seine Expertise in strategischer Kommunikation weiter ausbaute.

Heute ist er Geschäftsführer des Instituts für Management- und Wirtschaftsforschung (IMWF). In dieser Funktion treibt er die Entwicklung von Big-Data- und KI-gestützten Analyseverfahren voran und gestaltet neue Geschäftsmodelle, die auf diesen innovativen Technologien basieren.

1 Einleitung

In einer Zeit multipler Krisen – von Klimawandel über soziale Ungleichheit bis hin zu globalen Marktunsicherheiten – stehen Unternehmen vor der Herausforderung, ihren **Unternehmenswert** neu zu definieren. Traditionelle Wachstumsparadigmen stoßen an Grenzen; statt reinem Umsatzwachstum rücken **Nachhaltigkeit**, Resilienz und langfristige Wertschöpfung in den Fokus. Das Modell bzw. die Denkweisen im Kontext von Post-Growth (Seebacher & Zacharias, 2025) gewinnen zunehmend an Bedeutung. **Predictive Sustainability Intelligence (PSI)** – also vorausschauende *nachhaltigkeitsorientierte* Datenanalyse – verspricht, genau an dieser Schnittstelle anzusetzen. PSI nutzt künstliche Intelligenz und Big Data, um **zukünftige Entwicklungen in den Bereichen Umwelt, Soziales und Wirtschaft** frühzeitig zu erkennen und Handlungsoptionen abzuleiten. So können Unternehmen nicht nur Risiken proaktiv managen, sondern auch neue Chancen zur **Steigerung des Unternehmenswerts** erschließen (Davenport & Harris, 2017; Seebacher & Zacharias, 2026).

Wissenschaftliche Untersuchungen untermauern den geschäftlichen Nutzen eines nachhaltigen Managements. In einer Metastudie mit über 2000 Einzeluntersuchungen fanden Friede, Busch und Bassen (2015) heraus, dass Nachhaltigkeitsleistung und finanzielle Performance in ~ 90 % der Fälle positiv oder zumindest neutral zusammenhängen. Mit anderen Worten: **Nachhaltigkeit schadet dem Unternehmenserfolg nicht – sie kann ihn im Gegenteil fördern** (Friede et al., 2015). Unternehmen, die ökologische und soziale Faktoren vorausschauend steuern, profitieren von besserem Risikomanagement, Effizienzgewinnen und einem gestärkten Ruf bei Kunden und Investoren (KPMG, 2022). Dieses Playbook 2026 zeigt, **wie Predictive Sustainability Intelligence als Werkzeug zur systematischen Unternehmenswertsteigerung** eingesetzt werden kann – mit

U. Seebacher, J. Forthmann, *Der Nachhaltigkeits-Code*, essentials,
https://doi.org/10.1007/978-3-658-50766-4_1

Blick auf die ökonomischen, ökologischen und sozialen Dimensionen der Nachhaltigkeit.

Definition – Predictive Sustainability Intelligence (PSI) *Predictive Sustainability Intelligence* bezeichnet die Fähigkeit von Organisationen, mittels datengetriebener, vorausschauender Intelligenz zukünftige Entwicklungen in relevanten Nachhaltigkeitsfeldern nicht nur zu antizipieren, sondern durch die Predictive Intelligence (PI) in Form von Next-Best-Actions als direkte, maximal konvertierende Nachhaltigkeitsmaßnahmen und -strategien Evidenz-basiert generiert zu bekommen. Dabei werden **ökonomische Trends**, **ökologische Veränderungen** (z. B. Klimarisiken) und **soziale Dynamiken** (z. B. Mitarbeiter- oder Kundenverhalten) kontinuierlich überwacht und mit Hilfe von KI-Algorithmen ausgewertet. Das Ziel: **Frühzeitig Chancen und Risiken erkennen**, um **strategische Entscheidungen** proaktiv und nachhaltig auszurichten. PSI ist *mehr* als ein technisches Tool – es ist eine **transformative Fähigkeit**, die Unternehmen befähigt, Veränderungen vorauszudenken, mit planetaren Grenzen in Einklang zu handeln und so zukunftsfähigen Wert zu schaffen (Seebacher & Zacharias, 2026).

2 Grundlagen von Predictive Sustainability Intelligence (PSI)

Predictive Intelligence (PI) – der übergeordnete Begriff für vorausschauende Intelligenz – hat seinen Ursprung im Bestreben, aus großen Datenmengen proaktive Erkenntnisse in Form von konkreten Handlungsempfehlungen zu gewinnen. Im Nachhaltigkeitskontext erweitert **Predictive Sustainability Intelligence** diese Idee: Es handelt sich um eine neuro-symbolische Künstliche Intelligenz, d. h. eine Kombination aus symbolischer KI (Ontologien, Wissensgraphen, logik-basierte Schlussfolgerungen) und daten-getriebener KI (ML, DL, Transformer, generative KI) mit Erweiterung um Vorhersagetechnologien und autonome Entscheidungsfindung.[1]

Wichtig ist dabei, dass PI nicht als rein technische Lösung missverstanden wird, **sondern als integrativer Prozess**. Laut Seebacher und Zacharias (2025) versteht sich PI als *„transformative Capability"*, die in Kombination mit Organisationsentwicklung und ethischen Leitplanken zum **Katalysator für vorausschauende Strategien** wird. Unternehmen sollen dadurch in die Lage versetzt werden, **Komplexität besser zu navigieren** und ihr Handeln an planetaren Grenzen und menschlichen Bedürfnissen auszurichten (Rockström et al., 2009; Seebacher & Zacharias, 2025).

[1] www.predictores.ai – Zugegriffen am 21. August 2025.

U. Seebacher, J. Forthmann, *Der Nachhaltigkeits-Code*, essentials,
https://doi.org/10.1007/978-3-658-50766-4_2

2.1 Die Kernkomponenten von PSI

In der aktuellen Unternehmenspraxis herrscht häufig noch ein fragmentiertes Verständnis davon, was „predictive“ eigentlich bedeutet. Viele Organisationen begnügen sich damit, historische Daten in klassischen Business-Intelligence-Systemen auszuwerten oder vereinzelte Prognosemodelle einzusetzen, die bestenfalls eine Wahrscheinlichkeitsverteilung für bestimmte Entwicklungen – etwa Absatz, Fluktuation oder Emissionen – liefern. Was dabei jedoch fast immer fehlt, ist die Übersetzung dieser Prognosen in **handlungsleitende Entscheidungen** und deren systematische Rückkopplung in die Organisation. Genau hier liegt einer der zentralen Gründe, weshalb zahlreiche Digitalisierungs- und Nachhaltigkeitsinitiativen der letzten Jahre in der Praxis wirkungslos geblieben sind: Es wird **analysiert, aber nicht gehandelt**.

Predictive Sustainability Intelligence (PSI) setzt an diesem Defizit an, indem es vier Kernkomponenten miteinander verzahnt: **Datenquellen, TechStack, Methoden- und Strukturkompetenz sowie organisatorische Verankerung**. Erst im Zusammenspiel dieser Bausteine entsteht ein belastbares Framework, das nicht nur Wissen, sondern auch Wirkung erzeugt (Abb. 2.1).

Die Basis bilden umfassende **Datenquellen**. In vielen Unternehmen sind operative Daten zwar reichlich vorhanden – Produktionszahlen, Vertriebsreports, Finanzkennzahlen. Was jedoch fehlt, ist ihre konsequente Integration mit **ESG-Daten** und externen Signalen wie Klima- und Wetterinformationen, Marktindikatoren oder

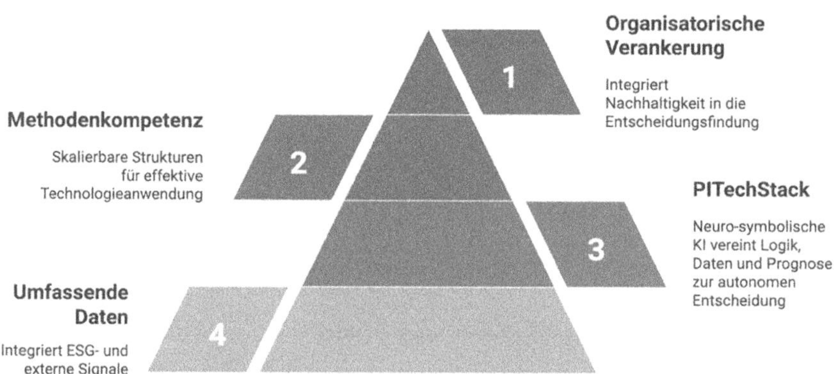

Abb. 2.1 Nachhaltigkeits-Intelligenz-Pyramide. (Quelle: eigene Darstellung)

Social-Media-Diskursen. Die gängige Praxis zeigt hier eine gefährliche Engführung: Nachhaltigkeit wird oft auf isolierte CO_2-Kennzahlen reduziert, während andere ökologische oder soziale Parameter – von Wasserverbrauch über Lieferkettenrisiken bis hin zu Mitarbeiterzufriedenheit – vernachlässigt werden. PSI fordert demgegenüber eine **ganzheitliche Datenbasis**, die ökonomische, ökologische und soziale Dimensionen simultan abbildet.

Darauf aufbauend ist ein leistungsfähiger **TechStack** erforderlich. Doch auch hier herrscht in der Praxis Ernüchterung: Viele Organisationen vertrauen auf standardisierte Predictive-Analytics-Tools, die Prognosen generieren, ohne in konkrete Handlungsempfehlungen zu übersetzen. Der Unterschied zu PSI liegt in der konsequenten Ausrichtung auf **Next Best Actions (NBA)**. Mit Hilfe von Künstlicher Intelligenz, Machine Learning und prädiktiv-preskriptiven Modellen werden nicht nur Szenarien berechnet, sondern auch **umsetzbare Optionen bewertet**. Das von *predictores.ai* entwickelte Konzept der **Estimated Precision Prediction (EPP)** zeigt exemplarisch, wie Prognosen nicht isoliert bleiben, sondern direkt mit einer Erfolgswahrscheinlichkeit versehen und für Entscheider nutzbar gemacht werden. Diese Brücke zwischen Prognose und Umsetzung ist bislang der blinde Fleck der meisten Anbieter.

Die dritte Komponente ist die oft unterschätzte **Methoden- und Strukturkompetenz**. Hier zeigt sich ein weiteres Problem gängiger Praxis: Unternehmen investieren Milliarden in Technologien und immer mehr Fachwissen, scheitern jedoch an der fehlenden methodischen und strukturellen Befähigung, diese Technologien auch wirksam einzusetzen. Ohne klar definierte Rollen, Prozesse und Verantwortlichkeiten verkommen Datenprojekte zu Pilotinseln ohne Skalierungseffekt. Uwe Seebacher hat dieses Missverhältnis zugespitzt mit dem Satz beschrieben: *„Methoden- und Strukturkompetenz frisst Fachwissen zum Frühstück."* Genau diese Kompetenz stellt PSI ins Zentrum, indem es nicht auf Einzellösungen oder „Fachwissen-Silos" setzt, sondern auf wiederholbare und skalierbare Strukturen.

Schließlich bedarf es der **organisatorischen Verankerung**. In vielen Unternehmen bleibt Nachhaltigkeit eine Stabsfunktion ohne echte Durchgriffskraft, während Dateninitiativen in IT-Abteilungen isoliert laufen. PSI entfaltet seine Wirkung jedoch nur dann, wenn es **in die Entscheidungslogik integriert** wird. Das bedeutet: Interdisziplinäre Teams, die Data Scientists, Nachhaltigkeitsexperten, Fachverantwortliche und Change Manager zusammenbringen, sowie eine Führungsebene, die vorausschauende Analysen nicht als technisches „Add-on", sondern als strategische Leitplanke begreift. Praxis und Forschung zeigen klar, dass genau dies in den wenigsten Organisationen heute Realität ist. Oft fehlt entweder das Commitment des Top-Managements oder die Fähigkeit, kulturelle und organisatorische Barrieren zu überwinden.

Predictive Sustainability Intelligence: Kreislauf statt Silo

Die kritische Analyse der heutigen Praxis verdeutlicht: Viele Unternehmen verwechseln das **Sammeln und Visualisieren von Daten** mit echter Intelligenz. Sie bleiben in **isolierten Silos** stecken – Reporting hier, Predictive Marketing dort –, ohne den übergreifenden Wert für die Gesamtorganisation zu erschließen. PSI weist hier einen Ausweg, indem es Prognose, Entscheidung und Umsetzung in einem geschlossenen Kreislauf verbindet. Nur so kann Nachhaltigkeit tatsächlich vorausschauend gesteuert und nicht bloß nachträglich dokumentiert werden. ◄

2.2 Wissenschaftliche Fundierung von PSI

Die Idee, dass vorausschauende Intelligenz nachhaltige Wettbewerbsvorteile generiert, ist empirisch und theoretisch gut belegt. Davenport und Harris (2017) sprechen von *Competing on Analytics*, also dem systematischen Wettbewerbsvorteil durch überlegene Datenanalyse. Im Nachhaltigkeitskontext verstärken regulatorische Rahmenbedingungen diesen Effekt zusätzlich: Die EU fordert im Zuge des Green Deal und der Corporate Sustainability Reporting Directive (CSRD) eine transparente Offenlegung von Klimarisiken und Nachhaltigkeitsleistungen. Unternehmen sind daher gezwungen, ihre ESG-Daten nicht nur retrospektiv zu erfassen, sondern auch prädiktiv zu interpretieren. PSI leistet hier einen entscheidenden Beitrag, indem es Datenlagen konsolidiert, Prognosen absichert und damit die Qualität von Berichten auf ein neues Niveau hebt (KPMG, 2022).

Die wirtschaftlichen Dimensionen dieser Entwicklung sind enorm. Für mittelständische Unternehmen mit Jahresumsätzen zwischen **10 und 100 Mio. €** kann die Blockade prädiktiver Technologien über einen Zeitraum von zehn bis dreißig Jahren zu **Verlusten in zweistelliger bis dreistelliger Millionenhöhe** führen – allein durch entgangene Effizienzgewinne, erhöhte CO_2-Kosten oder vermeidbare Lieferkettenrisiken. Für Großunternehmen mit **4 Mrd. € Umsatz** kann die Verweigerung von Predictive-Intelligence-Lösungen einen Schaden von **250 bis 600 Mio. € in den kommenden zehn Jahren** verursachen; über dreißig Jahre betrachtet steigt dieses Risiko auf weit über **eine Milliarde Euro**. Diese Zahlen verdeutlichen, dass rechtliche oder organisatorische Blockaden keine bloßen Verzögerungen darstellen, sondern substanzielle Bedrohungen für die Wettbewerbsfähigkeit.

Wissenschaftlich fundiert ist PSI als Weiterentwicklung klassischer Predictive Analytics zu verstehen: Es verknüpft prädiktive Modelle mit **präskriptiven Entscheidungslogiken** (Bertsimas & Kallus, 2020) und bindet diese in organisationale Prozesse ein (Seebacher, 2021a, b). Damit entsteht nicht nur ein Instrument zur Vorhersage, sondern eine **organisational verankerte Intelligenzarchitektur**, die Handlungsempfehlungen liefert und deren Wirkung im Closed-Loop überprüft wird. Im Unterschied zu herkömmlichen BI- oder Analytics-Ansätzen steht bei PSI nicht die retrospektive Auswertung im Mittelpunkt, sondern die **antizipative Steuerung** unter Unsicherheit.

Besonders im Bereich Nachhaltigkeit zeigt sich die Relevanz dieser Erweiterung: Unternehmen, die ESG-Daten intelligent auswerten und mit prädiktiven Verfahren kombinieren, können **Kosten für CO_2-Zertifikate um bis zu 20–30 % reduzieren, Energieverbräuche im zweistelligen Prozentbereich senken** und **Lieferkettenrisiken proaktiv um 15–25 % abfedern** (vgl. KPMG, 2022). Diese Effekte summieren sich über die Zeit und machen deutlich: PSI liefert nicht nur qualitative Vorteile, sondern eröffnet messbare wirtschaftliche Potenziale, die über Dekaden hinweg den Unterschied zwischen Marktführerschaft und Bedeutungsverlust ausmachen können.

Zusammengefasst bildet Predictive Sustainability Intelligence das **Fundament für die folgenden Kapitel**: Wir betrachten nun, wie PSI in den drei Säulen der Nachhaltigkeit – **Ökonomie, Ökologie und Soziales** – konkret zur Unternehmenswertsteigerung beiträgt, bevor wir anschließend einen strukturierten Umsetzungsplan vorstellen.

Checkliste: Verständnis der Grundlagen von PSI

- **Begriffe geklärt**: Ist klar, was mit Predictive (Sustainability) Intelligence im Unternehmenskontext gemeint ist (inkl. Abgrenzung zu herkömmlichen Analytics)?
- **Daten & Tools identifiziert**: Wissen wir, welche Datenquellen und KI-Tools im eigenen Unternehmen verfügbar sind, um Nachhaltigkeitsfragen prognostizieren zu können?
- **Buy-in der Führung**: Versteht die Leitungsebene den strategischen Wert vorausschauender Nachhaltigkeitsanalysen und unterstützt sie die Integration in Entscheidungsprozesse?

3 Perspektivische Betrachtung der Predictive Sustainability Intelligence (PSI)

Predictive Sustainability Intelligence (PSI) versteht Nachhaltigkeit nicht als Berichtspflicht, sondern als vorausschauende Steuerungslogik: Prognosen werden mit präskriptiven Entscheidungen verknüpft und in organisationalen Routinen verankert. Damit verschiebt sich der Blick von rückwärtsgewandter Dokumentation zu messbarer Wertschöpfung in drei Dimensionen – Ökonomie, Ökologie und Soziales. Dieses Kapitel ordnet PSI aus diesen Perspektiven (Abb. 3.1) und zeigt, wie Unternehmen entlang der gesamten Wertkette konkrete Next Best Actions ableiten, um Wirkung zu entfalten statt nur Daten zu sammeln.

Aus ökonomischer Sicht (Abschn. 3.1) demonstriert PSI, wie Effizienzgewinne, neue Umsatzchancen und robustes Risikomanagement gemeinsam den Unternehmenswert steigern. Aus **ökologischer Sicht** (Abschn. 3.2) wird sichtbar, wie vorausschauende Modelle Energie- und Materialverbräuche optimieren, Emissionspfade steuern und regulatorische Sicherheit erhöhen. Die **soziale Perspektive** (Abschn. 3.3) schließlich macht deutlich, wie Humankapital, Kundenbeziehungen und gesellschaftliche Akzeptanz durch prädiktive, handlungsleitende Intelligenz gestärkt werden – vom Talentmanagement bis zur Stakeholder-Kommunikation.

Gemeinsam ist allen Perspektiven ein methodischer Kern: Ganzheitliche Datenbasis, prädiktiv-präskriptive Modelle, klare Rollen und Governance. Wo viele aktuelle Lösungen bei Analysen stehen bleiben, fordert PSI die konsequente Übersetzung in Entscheidungen und Umsetzung – mit geschlossenen Lernschleifen, die Wirkung fortlaufend messen und verbessern. So wird Nachhaltigkeit zur produktiven Kraft der Unternehmensführung und nicht zum Kostenblock oder Compliance-Reflex.

U. Seebacher, J. Forthmann, *Der Nachhaltigkeits-Code*, essentials,
https://doi.org/10.1007/978-3-658-50766-4_3

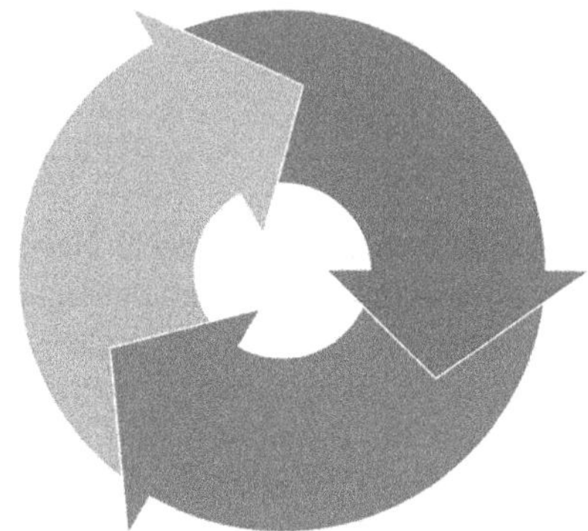

Abb. 3.1 Nachhaltigkeitsintelligenz-Zyklus. (Quelle: eigene Darstellung)

3.1 Ökonomische Perspektive: Nachhaltigkeit als Werttreiber im Unternehmen

Ein zentrales Versprechen von Predictive Sustainability Intelligence ist die **Steigerung des ökonomischen Unternehmenswerts** durch vorausschauendes Handeln. Klassische betriebswirtschaftliche Ziele – etwa Kostensenkung, Umsatzsteigerung, Risikominimierung – lassen sich durch Nachhaltigkeits-Intelligenz auf neue Weise erreichen:

3.1.1 Effizienzgewinne und Kostenreduktion

PSI hilft, **Ineffizienzen in Prozessen** aufzudecken und zu beseitigen. Beispielsweise können KI-Modelle große Datenströme in der Produktion oder Logistik analysieren, um optimale Einstellungen zu finden. Ein eindrückliches Beispiel liefert

Google: Durch KI-gesteuerte Optimierung der Kühlanlagen in Rechenzentren wurde der Energieverbrauch für Kühlung um 40 % gesenkt, was insgesamt 15 % weniger Stromverbrauch bedeutete. Dieses Vorgehen senkt nicht nur Kosten (weniger Stromkosten), sondern erhöht zugleich die ökologische Performance – ein doppelter Gewinn. Insgesamt zeigen Studien, dass **Investitionen in KI-gestützte Nachhaltigkeitsmaßnahmen oft einen positiven Return on Investment (ROI) erzielen**. So können Unternehmen die **Kosten für Energie, Material und Emissionen** deutlich senken, wenn Prognosemodelle z. B. optimalen Ressourcenverbrauch ermitteln (Ellen MacArthur Foundation, 2015). Auch die vorausschauende Instandhaltung reduziert teure Produktionsausfälle und verlängert die Nutzungsdauer von Maschinen, was Abschreibungskosten mindert und das Kapital effizienter einsetzt (Manyika et al., 2011).

3.1.2 Umsatzsteigerung durch neue Chancen

Nachhaltigkeitsorientierte Vorhersagen können helfen, **neue Märkte und Produkte** zu erschließen. Unternehmen, die frühzeitig **Nachfragetrends** erkennen – etwa steigendes Kundenbewusstsein für nachhaltige Produkte – können ihre Produktentwicklung anpassen und so Wettbewerbsvorteile erzielen. Predictive Analytics im Marketing erlaubt z. B. **präzise Absatzprognosen** für „grüne" Produktlinien, wodurch Überproduktion vermieden und Verkaufschancen maximiert werden. Ein praktisches Beispiel sind Handelsunternehmen, die mithilfe von Wetter- und Konsumdaten prognostizieren, welche nachhaltigen Mode- oder Lebensmittelprodukte saisonal stärker gefragt sein werden, und ihr Sortiment entsprechend optimieren.

Ebenso können **Innovationspotenziale** identifiziert werden: KI kann große Text- und Patentdaten durchsuchen, um aufkommende Nachhaltigkeitstechnologien oder -Bedürfnisse vorherzusagen – Unternehmen, die hier investieren, generieren **First-Mover-Vorteile** und damit zusätzlichen Umsatz (Latouche, 2009; Davenport & Ronanki, 2018).

3.1.3 Risikominimierung und Resilienz

Finanzielle Stabilität wird maßgeblich durch das Risikoprofil eines Unternehmens beeinflusst. PSI ermöglicht es, **finanzielle Risiken im Zusammenhang mit Nachhaltigkeit früh zu erkennen und Gegenmaßnahmen einzuleiten**. Beispielsweise können *Predictive Risk Intelligence*-Modelle abschätzen, wie sich CO_2-Preise, strengere Umweltauflagen oder Lieferengpässe auf die Kostenstruktur auswirken (Rockström et al., 2009). Indem solche Risiken antizipiert werden, können Unternehmen finanzielle Puffer einplanen oder Geschäftsmodelle anpassen, **bevor** Schäden eintreten. Ein konkreter Fall ist die Modebranche: Prognosemodelle warnen hier z. B. früh vor Lieferrisiken bei bestimmten Rohstoffen (Baumwolle bei Dürren etc.), sodass Beschaffung und Lagerhaltung angepasst werden können – Ausfälle oder Preissprünge treffen das Unternehmen dann weit weniger. Laut KPMG (2023) trägt vorausschauendes Nachhaltigkeitsrisiko-Management dazu bei, **Kapitalmarktrisiken zu senken**: Kreditgeber und Investoren honorieren in ihren Bewertungen, wenn Unternehmen systematisch ESG-Risiken managen, was zu niedrigeren Finanzierungskosten und höherer Unternehmensbewertung führen kann.

3.1.4 Intangible Werte: Marke und Investor Relations

Ökonomischer Unternehmenswert bemisst sich nicht nur in kurzfristigen Gewinnen, sondern auch in *intangible assets* wie Markenwert, Reputation und Investor Relations. Hier zahlt PSI indirekt ein, indem **Greenwashing-Risiken reduziert** und Glaubwürdigkeit erhöht werden. Unternehmen, die dank verlässlicher Daten und Prognosen **transparente Nachhaltigkeitsberichte** vorlegen, gewinnen das Vertrauen von Stakeholdern. Dies kann z. B. die Kundenbindung stärken und Premium-Preise rechtfertigen (Stichwort *Brand Loyalty* für nachhaltige Marken) oder den Zugang zu nachhaltigkeitsorientiertem Investorengeld erleichtern.

In Zeiten, in denen Fehltritte bei ESG-Themen rasch zu öffentlichen Krisen oder Klagen führen, ist ein proaktives Nachhaltigkeitsmanagement auch ein Schutz vor **wertmindernden Reputationsschäden** (KPMG, 2022). Die Börse honoriert nachhaltige Performance zunehmend: Firmen mit guten ESG-Ratings weisen häufig eine geringere Aktienkursvolatilität auf und sind attraktiver für große Anleger wie Pensionsfonds, was den Marktwert stabilisiert (Friede et al., 2015).

Zusammengefasst erschließt PSI der ökonomischen Unternehmensführung neue Hebel zur Wertsteigerung – von direkten Effizienzgewinnen über Umsatzchancen bis hin zur Absicherung langfristiger Ertragskraft. Wichtig ist, dass diese Ansätze nicht isoliert, sondern in der Gesamtstrategie verankert werden.

Checkliste: Ökonomischer Mehrwert durch PSI

- **Kostenanalyse durchgeführt**: Wurden Bereiche identifiziert, in denen vorausschauende Analysen kurzfristig Kosten einsparen können (z. B. Energie, Wartung, Logistik)?
- **Umsatzchancen geprüft**: Nutzen wir Daten, um neue nachhaltige Kundenbedürfnisse oder Markttrends frühzeitig zu erkennen und entsprechende Angebote zu entwickeln?
- **Risikomodell vorhanden**: Gibt es ein Prognosemodell für wesentliche finanzielle Risiken (z. B. CO_2-Preis, Rohstoffknappheit), und fließen die Ergebnisse in Finanzplanung und Risikomanagement ein?
- **Investor Story integriert**: Kommunizieren wir gegenüber Investoren aktiv, wie PSI zur Wertsteigerung beiträgt (z. B. in Präsentationen oder Berichten), um Vertrauen und ggf. günstigere Finanzierung zu erhalten?

3.2 Ökologische Perspektive: Vorausschauendes Umweltmanagement als Wertschöpfung

Eine **nachhaltige ökologische Performance** ist heute nicht nur aus ethischer Sicht relevant, sondern entwickelt sich zu einem handfesten Werttreiber. Unternehmen, die Umweltaspekte proaktiv managen, profitieren von **geringerem Ressourcenverbrauch, regulatorischer Sicherheit und positiverer Wahrnehmung** – all das hat monetäre Auswirkungen. Predictive Sustainability Intelligence befähigt Firmen, ihre **ökologische Nachhaltigkeit datengestützt zu steuern**:

3.2.1 Ressourcen- und Energieeffizienz

Durch PSI lassen sich **Einsparpotenziale bei Energie und Materialien** identifizieren, die zuvor verborgen waren. Echtzeit-Daten aus Produktionsanlagen, Gebäuden oder Fahrzeugflotten können mit PI so analysiert werden, dass **Optimierungsmöglichkeiten** sichtbar werden – etwa wann Maschinen auf niedrigeren Verbrauch geregelt werden können oder welche Routen Transportflotten am meisten Treibstoff sparen. Dies führt zu direkten Kosteneinsparungen und reduziert den ökologischen Fußabdruck. Ein oft zitiertes Beispiel: Das Logistikunternehmen UPS entwickelte ein datenbasiertes Routenoptimierungssystem (*ORION*), das durch Prognose des Lieferaufkommens und intelligente Routenwahl zig

Millionen Liter Kraftstoff einsparte und zugleich die CO_2-Emissionen drastisch senkte. Auch wenn hier zunächst Effizienz im Vordergrund stand, resultiert daraus unmittelbar ein **Wertbeitrag** – weniger Energiekosten und die Positionierung als umweltfreundliches Unternehmen, was wiederum neue Kunden anzieht.

PSI kann zudem helfen, **Kreislaufwirtschaftsmodelle** umzusetzen. Indem Materialflüsse in Produkten und Lieferketten getrackt und prognostiziert werden, können Unternehmen geeignete **Wiederverwendungs- oder Recycling-strategien** planen. Beispielsweise prognostizieren Modelle der *Ellen MacArthur Foundation (*2015*)* den zukünftigen Rücklauf bestimmter Altprodukte und helfen Herstellern, diese wertstofflich zu verwerten. Dadurch reduzieren sich Entsorgungskosten und es entstehen sekundäre Rohstoffquellen – langfristig ein strategischer Vorteil, der Kostenvolatilität senkt.

3.2.2 Emissions- und Klimamanagement

KI-gestützte Prognosen ermöglichen es, **Emissionstrends** vorherzusehen und effektiv gegenzusteuern. So können Unternehmen ein *Carbon Forecasting* betreiben: Auf Basis von Produktionsplänen, Energiedaten und externen Faktoren (z. B. Wetter) lassen sich die zukünftigen CO_2-Emissionen schätzen. Überschreiten diese Prognosen einen Zielpfad, kann das Management früh gegensteuern – z. B. durch Effizienzprogramme oder den Zukauf von grüner Energie – **noch bevor** Grenzwerte verletzt oder Emissionszertifikate teuer nachgekauft werden müssen. Rockström et al. (2009) betonen, dass das Einhalten planetarer Belastungsgrenzen (wie CO_2-Budget) für die langfristige Stabilität unserer Wirtschaft essenziell ist. PSI liefert hier die operativen Tools, um dieses Einhalten messbar und steuerbar zu machen.

Ein illustratives Beispiel ist die **KI-basierte Optimierung von Gebäuden**: Intelligente Systeme prognostizieren den Kühl- oder Heizbedarf eines Firmengebäudes je nach Wetter und Belegung und steuern die Technik vorausschauend – das minimiert den Energieverbrauch und damit Emissionen. Google's oben erwähnte KI zur Rechenzentrumskühlung ist ein prominenter Fall, der zeigte, wie bis zu 40 % der Kühlenergie – und somit 15 % des Gesamtenergiebedarfs – eingespart werden konnten. Dieses Vorgehen reduziert die CO_2-Emission erheblich und spart Kosten; es unterstreicht, dass **Klimaschutzmaßnahmen wirtschaftlich äußerst sinnvoll** sein können.

3.2.3 Regulatorische Compliance und vorausschauende Planung

Die **Umweltgesetzgebung** verschärft sich weltweit. Unternehmen, die Grenzwerte überschreiten oder Berichtspflichten versäumen, riskieren Strafzahlungen und Produktionseinschränkungen. PSI hilft dabei, **regulatorische Risiken aktiv zu managen**. Beispielsweise können KI-Modelle die Wirksamkeit geplanter Umweltschutzmaßnahmen im Voraus simulieren: *„Was passiert mit unserem Abwasserwert, wenn Produktionslinie X umgestellt wird?“* – Solche Simulationen ermöglichen es, Investitionen gezielt dort zu tätigen, wo zukünftige Grenzwerte sicher eingehalten werden. Auch beim neuen EU-Lieferkettengesetz oder der EU-Taxonomie können vorausschauende Analysen unterstützen, indem sie Lieferantenrisiken (z. B. Entwaldung in der Lieferkette) aufdecken oder den Taxonomie-Erfüllungsgrad zukünftiger Projekte prognostizieren. Laut KPMG (2023) sind Unternehmen mit datengestützter ESG-Compliance weniger häufig von Sanktionen betroffen und können Kosten z. B. durch Vermeidung von Strafzahlungen und durch besseres Rating (Versicherungsprämien!) senken.

3.2.4 Chancen durch Umweltinnovation

Proaktives Umweltmanagement schafft auch **Innovationschancen**. Unternehmen, die mithilfe von PSI beispielsweise Engpässe in Ressourcen oder kommende Verbote problematischer Stoffe vorhersagen, können frühzeitig **alternative Materialien oder Prozesse** entwickeln. Das ermöglicht einen zeitlichen Vorsprung gegenüber Wettbewerbern, wenn neue Umweltstandards greifen. Ein Beispiel ist die Automobilindustrie: Hersteller, die früh mit KI die Trends in Emissionsvorschriften antizipierten, investierten früher in Elektromobilität und stehen nun besser da, da Verbrennerausstiege näher rücken. Ebenso kann vorausschauende Analyse von Konsumentendaten ökologische Innovation leiten – etwa steigende Nachfrage nach verpackungsfreien Produkten erkennen und entsprechende Angebote entwickeln. Solche **nachhaltigen Innovationen** schaffen neue Umsatzquellen und stärken zugleich die ökologische Reputation.

KI senkt Energieverbrauch – Beispiel Google

Google setzte 2016 KI-Modelle (DeepMind) ein, um die **Kühlung seiner Rechenzentren** vorausschauend zu optimieren. Das Resultat: *bis zu 40 % weniger Energieverbrauch für Kühlung*, was den gesamten Strombedarf der Anlagen um ~ 15 % reduzierte. Dieser drastische Effizienzgewinn spart Google Millionen Dollar Energiekosten pro Jahr und senkt die CO_2-Emission erheblich. Das Beispiel zeigt, wie **Predictive Intelligence ökologische Nachhaltigkeit und betriebliche Effizienz gleichzeitig fördert** – ein Wettbewerbs- und Wertvorteil. Laut Mustafa Suleyman (DeepMind-Mitgründer) ist dies erst der Anfang, da ähnliche Algorithmen auch in anderen Bereichen (z. B. Kraftwerke, Stromnetze) vergleichbare Einsparungen erzielen könnten. ◄

Checkliste: Ökologische Nachhaltigkeit durch PSI

- **Energie- und Ressourcenmonitoring**: Haben wir in Echtzeit Einblick in unseren Ressourcenverbrauch (Energie, Wasser, Materialien) und setzen wir Prognosetools ein, um zukünftige Verbräuche und Emissionen abzuschätzen?
- **CO_2-Reduktionspfad hinterlegt**: Gibt es einen datenbasierten Pfad zur Emissionsreduktion (Science Based Targets) und nutzen wir PSI, um die Einhaltung dieses Pfads zu überwachen bzw. vorzeitige Abweichungen zu erkennen?
- **Frühwarnsystem für Umweltvorfälle**: Haben wir KI-gestützte Frühwarnindikatoren, die auf Umweltprobleme hinweisen (z. B. Sensoren, die Leckagen oder Abweichungen bei Abwasserwerten prognostizieren)?
- **Kreislaufpotenziale genutzt**: Nutzen wir Daten, um Abschreibungen, Abfall und Rückläufe zu analysieren und Möglichkeiten für Wiederverwendung/Recycling vorherzusagen? (Bsp.: Vorhersage, wann welche Produkte zurückkommen und wie wir sie erneut verwerten können).

3.3 Soziale Perspektive: Mitarbeiter, Kunden und Gesellschaft durch Vorhersagen stärken

Die **soziale Dimension** der Nachhaltigkeit umfasst Themen wie Mitarbeiterzufriedenheit und -entwicklung, Diversität, Kundenzufriedenheit sowie den gesellschaftlichen Impact des Unternehmens. Auch hier kann Predictive Sustainability

Intelligence maßgeblich zur **Wertsteigerung** beitragen – indem sie das *Humankapital* und die Stakeholder-Beziehungen eines Unternehmens proaktiv stärkt.

3.3.1 Personalentwicklung und Talentbindung

Mitarbeitende sind einer der wichtigsten Werttreiber eines Unternehmens. Hohe Fluktuation, Burnout oder Kompetenzlücken können erhebliche Kosten und Wertverluste bedeuten. PSI bietet im HR-Bereich neue Möglichkeiten, **Mitarbeiterbedürfnisse und -risiken frühzeitig zu erkennen**. Zum Beispiel können *Predictive Talent Analytics*-Modelle historische Personaldaten (Leistung, Beförderungen, Feedback, Überstunden, Weiterbildung etc.) auswerten, um **Abwanderungsgefährdung** vorherzusagen. IBM hat hierzu ein KI-gestütztes „Predictive Attrition"-Programm entwickelt, das mit 95 % Genauigkeit vorhersagen kann, welche Mitarbeiter kündigen könnten. IBM-CEO Ginni Rometty berichtete 2019, dass dieses System es erlaubte, rechtzeitig Gegenmaßnahmen einzuleiten – etwa Gehaltsanpassungen, Karriereschritte oder Gespräche – und dem Unternehmen so über 300 Mio. USD einsparte (zitiert nach Cohen, 2019).

Während viele HR-Analytics-Lösungen noch immer auf rein deskriptive oder prognostische Verfahren setzen – etwa das Erkennen erhöhter Fluktuationswahrscheinlichkeiten oder das Ableiten statistischer Risikoprofile –, bleiben sie in der Praxis oft ohne Konsequenz. Die Analyse mag korrekt sein, doch es fehlt an konkreten Handlungsempfehlungen, die in den Arbeitsalltag von Führungskräften und HR-Abteilungen integriert werden können. Genau hier liegt eine der größten Schwächen aktueller Angebote: Sie liefern Datenpunkte, aber keine Entscheidungen, sie erzeugen Wissen, aber keine Wirkung.

Predictive Workforce Intelligence (PWI) von predictores.ai geht bewusst über diese Grenzen hinaus. Der Ansatz verbindet prädiktive Analysen nicht nur mit Szenarien, sondern führt direkt zu **operationalisierbaren Next-Best-Actions**, die im HR-Kontext unmittelbar umsetzbar sind. Damit werden Fragestellungen im Personalmanagement nicht nur erkannt, sondern auch **prädiktiv-operativ beantwortet**.

Der Nutzen zeigt sich über die gesamte HR-Wertschöpfungskette: Vom Recruiting – etwa in Verbindung mit **Predictive Brand Intelligence**, um Employer-Branding-Maßnahmen datenbasiert zu steuern –, über gezielte Aus- und Weiterbildungsprogramme bis hin zu Talent Management und Compensation & Benefits liefert PWI jeweils die besten nächsten Schritte. So entsteht ein **geschlossenes Handlungssystem**, das nicht nur Workforce-relevante, sondern auch unternehmensstrategische Effekte generiert.

Im Unterschied zu bestehenden HR-Tools, die häufig fragmentiert arbeiten und den organisatorischen Umsetzungsschritt den Anwender überlassen, stellt PWI sicher, dass Maßnahmen **vorhersagegestützt initiiert, priorisiert und umgesetzt** werden. Dadurch wird der Schritt von der „Prognose ohne Konsequenz" hin zu einer **vorausschauend steuerbaren HR-Architektur** vollzogen.

Diese Fähigkeit, Analytik in handlungswirksame Entscheidungen zu übersetzen, macht PWI zu einem **Referenzmodell für die nächste Generation von Workforce Intelligence** – und verdeutlicht zugleich, wie weit viele aktuelle Anbieter von einer wirklich prädiktiven Steuerungsfähigkeit entfernt sind.

Diese Beispiele verdeutlichen, wie *vorausschauende Personalstrategien* direkte finanzielle Vorteile bringen und zugleich das Know-how im Unternehmen halten. Darüber hinaus kann PSI *Skill Gaps* antizipieren: Mittels Arbeitsmarkt- und Technologiedaten lassen sich zukünftige Kompetenzanforderungen prognostizieren. Personalentwicklung kann dann gezielt Schulungen anbieten oder neue Talente rekrutieren, **bevor** ein Mangel die Unternehmensleistung schmälert (Manyika et al., 2011).

3.3.2 Mitarbeitergesundheit und Kultur

Die innere Nachhaltigkeit eines Unternehmens zeigt sich in seiner Kultur und dem Wohlbefinden der Beschäftigten. Zufriedene, gesunde Mitarbeiter sind produktiver, innovativer und bleiben dem Unternehmen treuer – ein klarer Wertbeitrag. PSI hilft, **Stimmungs- und Gesundheitsindikatoren** im Unternehmen messbar zu machen und vor allem auch prädiktiv zu verbessern und auf einem hohen Niveau zu halten. Etwa durch *Predictive HR-Analytics*, die Absentismus, Krankenstände oder Umfragedaten auswerten, lassen sich Muster erkennen: KI kann beispielsweise prognostizieren, wann und wo im Unternehmen erhöhtes Burnout-Risiko besteht (z. B. in bestimmten Abteilungen nach intensiven Projekten) oder welche Faktoren die Mitarbeiterzufriedenheit am stärksten beeinflussen. So ein System fungiert wie ein „Organisations-Stethoskop" und ermöglicht dem Management, früh gegenzusteuern – z. B. durch Work-Life-Balance-Initiativen oder zusätzliche Team-Ressourcen, **bevor** Unzufriedenheit oder Gesundheitsausfälle eskalieren. Krings et al. (2025) betonen, dass *Predictive Cultural Intelligence* via Stimmungsanalyse die **Unternehmenskultur resilienter und inklusiver** machen kann (Krings et al., 2025). Beispielsweise könnten regelmäßige Analyse von anonymisiertem Mitarbeiter-Feedback signalisieren, ob Diversity- und Inklusionsmaßnahmen greifen oder ob es versteckte Konfliktherde gibt. Ein **dateninformiertes**

Kulturmanagement trägt so dazu bei, dass sich Mitarbeitende wertgeschätzt fühlen – was Fluktuation senkt und die Attraktivität des Unternehmens als Arbeitgeber steigert (wiederum wichtig für langfristigen Wert).

3.3.3 Kundenzufriedenheit und -bindung

Neben Mitarbeitern sind **Kunden** eine zentrale Stakeholder-Gruppe für den Unternehmenswert. PSI lässt sich einsetzen, um *Customer Sustainability Insights* zu gewinnen: Etwa prognostizieren fortgeschrittene CRM-Analysen, welche Kunden besonders an nachhaltigen Produkten interessiert sind, oder welche Kundensegmente Abwanderungsgefahr zeigen, falls ein Unternehmen sozial oder ökologisch in Kritik gerät. So können Marketing und Vertrieb proaktiv agieren – seien es **personalisiertes Nachhaltigkeitsmarketing** für interessierte Kunden oder präventive Kommunikation, wenn z. B. Lieferschwierigkeiten bei einem Fair-Trade-Produkt zu erwarten sind.

Laut Gabler et al. (2025) erhöhen Unternehmen durch **Predictive Customer Analytics** ihre Kundenloyalität, da sie Bedürfnisse genauer antizipieren und passgenau bedienen können. Beispielsweise kann ein Modehändler KI nutzen, um vorherzusagen, welche Käufer einer nachhaltigen Produktlinie drohen abzuspringen (etwa wegen langer Lieferzeiten) und diesen Kunden automatisch Kompensationen anbieten. Solche Maßnahmen schützen Umsätze und erhöhen den Customer Lifetime Value – einen wichtigen immateriellen Werttreiber (Davenport & Harris, 2017). Zudem erlaubt die vorausschauende Analyse von **Reputationsdaten** (Social Media, Umfragen) Unternehmen, auf gesellschaftliche Stimmungen früh zu reagieren. Etwa könnte eine KI-basiertes *Social Listening* erkennen, dass ein bestimmtes Umweltthema (z. B. Plastikmüll) viral geht und die eigene Branche ins Blickfeld gerät – das Unternehmen kann dann **proaktiv Öffentlichkeitsarbeit betreiben** oder Initiativen starten, um Vertrauen zu erhalten, bevor sich negative Stimmungen verfestigen.

3.3.4 Gesellschaftliche Wirkung und Lizenz zum Operieren

Unternehmen agieren nicht im luftleeren Raum; ihre gesellschaftliche Akzeptanz – oft „Lizenz zum Operieren" genannt – beeinflusst langfristig den Unternehmenswert. PSI kann auch hier ansetzen, indem es hilft, **gesellschaftliche Risiken und Chancen** zu erkennen. Zum Beispiel können KI-Modelle aus öffentlich verfügbaren Daten und Trendanalysen vorhersagen, welche sozialen Themen an Relevanz gewinnen (z. B. Forderungen nach mehr sozialer Gerechtigkeit in der Lieferkette) oder wo sich **lokale Gemeinschaften** durch Unternehmensaktivitäten gestört fühlen könnten (etwa anhand von Bürgerprotesten in sozialen Medien). Dadurch kann das Unternehmen früh dialogorientiert handeln oder Anpassungen vornehmen, um Konflikte zu vermeiden.

Gleichzeitig lassen sich **Wirkungsindikatoren** im sozialen Bereich besser messen: Etwa ob Sponsoring- oder CSR-Maßnahmen in einer Region tatsächlich die gewünschten Effekte zeigen (Bildungsgrad, Gesundheitsverbesserungen etc.) und wie dies vom öffentlichen Diskurs aufgenommen wird. Ein dateninformierter Umgang mit gesellschaftlicher Wirkung trägt dazu bei, **Image und Markenwert** zu stärken, was sich indirekt wieder ökonomisch auszahlt (geringere Risiken, höhere Kundengunst, bevorzugter Partner der öffentlichen Hand etc.). In diesem Kontext sind die Lösungen im Bereich Predictive Communication Intelligence (Seebacher & Forthmann, 2025) aber auch Predictive Brand Intelligence (Legat & Seebacher, 2025) relevant und erwähnenswert.

Abschließend ist festzuhalten, dass die soziale Nachhaltigkeit oft schwieriger quantifizierbar ist als die ökologische – aber mithilfe von PSI können weiche Faktoren in harte Daten übersetzt werden. Dies ermöglicht ein *gezieltes Management* von Human- und Sozialkapital, das letztlich den Unternehmenswert z. B. durch höhere Produktivität, geringere Rekrutierungskosten und loyalere Kunden steigert.

KI-gestützte Mitarbeiterbindung bei IBM

IBM nutzt ein patentiertes KI-System, um **vorherzusagen, welche Mitarbeiter kündigen wollen**. Laut CEO Ginni Rometty erkennt das *Predictive Attrition Program* mit 95 % Genauigkeit potenzielle Kündiger und empfiehlt Managern gezielte Gegenmaßnahmen (höheres Gehalt, Weiterbildung, Versetzung). So konnte IBM in wenigen Jahren über 300 Mio. $ an Kosten einsparen, die durch Fluktuation entstanden wären. Dieses proaktive Talentmanagement zeigt, wie Dateneinsatz in der Personalstrategie nicht nur **Kündigungen verhindert**, sondern auch enorme finanzielle Werte erhält. Gleichzeitig verbessert es die Stimmung im Unternehmen, da Mitarbeiter merken, dass auf ihre Bedürfnisse eingegangen wird – ein echter Wettbewerbsvorteil auf dem Arbeitsmarkt. ◄

Checkliste: Soziale Nachhaltigkeit und PSI

- **Fluktuationsprognose im Einsatz**: Hat unsere HR-Abteilung Analysetools, die Frühwarnindikatoren für Mitarbeiterfluktuation liefern (z. B. Überstunden, Beförderungszeiten, Gehaltsbenchmarking)? Werden diese genutzt, um Top-Talente zu halten?
- **Mitarbeiter-Feedback ausgewertet**: Nutzen wir regelmäßig Stimmungsumfragen oder andere Feedbackmechanismen und analysieren diese mit KI auf Muster (z. B. Sentiment-Analyse), um die **Kultur**gezielt zu verbessern?
- **Kundendaten auf Nachhaltigkeit analysiert**: Weiß unser Marketing/Vertrieb, welche Kunden besonderen Wert auf Nachhaltigkeit legen und welche nicht? Setzen wir Prognosemodelle ein, um Kundenabwanderung oder -unzufriedenheit früh zu erkennen (z. B. aufgrund nachhaltigkeitsbezogener Erwartungen)?
- **Stakeholder-Radar vorhanden**: Beobachten wir systematisch externe Signale (Social Media, Nachrichten) mithilfe von Analytics, um aufkommende gesellschaftliche Themen mit Bezug zu unserem Geschäft zu antizipieren? – Etwa um Shitstorms oder Boykottaufrufe präventiv zu vermeiden und positive Resonanz für nachhaltige Initiativen zu verstärken.

3.4 Zusammenfassung

Die Analyse hat gezeigt, dass Predictive Sustainability Intelligence (PSI) weit über ein reines Berichtswerkzeug hinausgeht. Es transformiert Nachhaltigkeit von einer regulatorischen Pflicht in ein aktives Steuerungsinstrument, das ökonomische, ökologische und soziale Wertschöpfung integriert. Damit liefert PSI den Beweis, dass vorausschauende Intelligenz zu einem zentralen Wettbewerbsfaktor im 21. Jahrhundert werden kann.

Gleichzeitig offenbart die heutige Praxis deutliche Defizite: Viele Unternehmen verharren in einem **Compliance-Reflex** – Nachhaltigkeit wird auf Kennzahlen reduziert, die nur retrospektiv erfasst werden. Der Fokus liegt auf der Vermeidung von Reputationsrisiken statt auf der Erschließung von Zukunftspotenzialen. Hier zeigt sich die Diskrepanz zwischen dem, was technisch möglich wäre, und dem, was organisatorisch tatsächlich umgesetzt wird. Im Kontext von *Sustainable Futures* (Seebacher & Zacharias, 2025) und einer **Post-Growth-Ökonomie** gewinnt PSI noch einmal besondere Bedeutung.

> Denn die zentrale Frage lautet nicht mehr, wie Unternehmen kurzfristig Wachstum maximieren, sondern wie sie langfristig **Resilienz, Fairness und ökologische Tragfähigkeit** sichern können.

PSI ermöglicht genau das: Indem es Risiken und Chancen systematisch voraussieht und in situativ jeweils immer nächste beste Handlungsempfehlungen übersetzt, erlaubt es Unternehmen, Pfade einzuschlagen, die nicht nur wirtschaftlich, sondern auch sozial und ökologisch tragfähig sind.

Die kritische Reflexion lautet daher: Solange Nachhaltigkeit als „Kostenstelle“ und nicht als **Investition in Zukunftsfähigkeit** begriffen wird, bleiben transformative Potenziale ungenutzt. PSI liefert hier einen methodischen Ansatz, der Nachhaltigkeit in ein operatives, zukunftsorientiertes Steuerungsmodell überführt. Es zwingt Organisationen, über lineare Wachstumslogiken hinauszudenken und den Blick auf langfristige Wertschöpfung im Sinne eines *Post-Growth-Paradigmas* zu richten.

Damit markiert PSI nicht nur einen technologischen Fortschritt, sondern auch einen kulturellen Wendepunkt: von der reaktiven Anpassung an regulatorische Anforderungen hin zu einem **proaktiven Gestalten nachhaltiger Zukunftsräume**.

4 Umsetzung in der Praxis: Ein strukturierter Implementierungsplan

Nachdem klar ist, *was* Predictive Sustainability Intelligence leisten kann, stellt sich die Frage, *wie* man sie im Unternehmen erfolgreich einführt. Ein **praxisnaher, strukturierter Umsetzungsplan** ist entscheidend, damit aus der Vision konkrete Ergebnisse entstehen. Im Folgenden wird ein mehrphasiges Vorgehen skizziert – von der Vorbereitung über Pilotprojekte bis zur verankerten Praxis. Zudem werden Rollen, Zeitplan, Tools, Datenquellen und Erfolgsindikatoren beschrieben (Abb. 4.1).

U. Seebacher, J. Forthmann, *Der Nachhaltigkeits-Code*, essentials,
https://doi.org/10.1007/978-3-658-50766-4_4

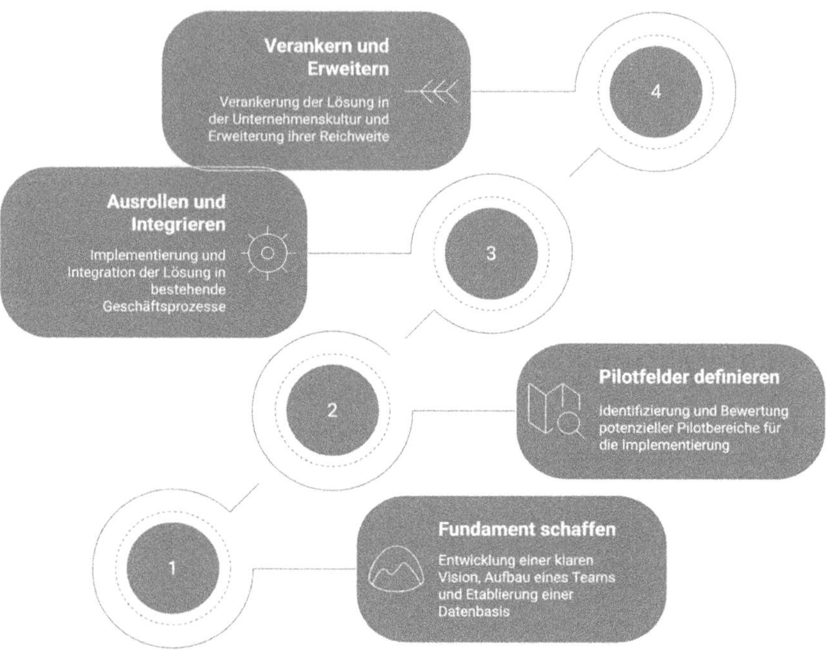

Abb. 4.1 PSI Umsetzungs-Roadmap. (Quelle: eigene Darstellung)

4.1 Phase 1: Fundament schaffen – Vision, Team und Datenbasis (Monat 1–3)

Die erfolgreiche Implementierung von Predictive Sustainability Intelligence (PSI) beginnt nicht mit Technologie, sondern mit **Haltung und Führung**. Entscheidend ist, dass das Top-Management eine klare Vision entwickelt und kommuniziert. Diese Vision darf nicht in abstrakten Schlagworten verharren, sondern muss Antworten auf die Fragen geben:

- Warum investieren wir in PSI?
- *Wie trägt es zur Steigerung unseres Unternehmenswerts bei?*

Nur wenn PSI als strategisches Instrument verstanden wird – und nicht als weiteres IT-Projekt – entfaltet es seine Wirkung. Hier liegt jedoch eines der größten Defizite heutiger Praxis: Nachhaltigkeit wird oft als Pflichtprogramm zur Erfüllung regulatorischer Vorgaben behandelt, während der echte Wertbeitrag zur Zukunftsfähigkeit vernachlässigt wird. So bleiben PSI-Projekte in vielen Unternehmen in Pilotphasen stecken, weil es an Executive Sponsorship auf höchster Ebene mangelt. Erfolgreiche Beispiele, etwa aus der Finanz- oder Chemiebranche, zeigen hingegen: Wenn CEO oder CFO selbst als Schirmherren auftreten, gelingt es, Nachhaltigkeitsthemen vom „Nice-to-have" zum integralen Bestandteil der Wertschöpfungsstrategie zu machen.

4.1.1 Interdisziplinäre Kernteams

Ein zweiter zentraler Schritt ist die Einrichtung eines **interdisziplinären Kernteams**. PSI ist per Definition ein Querschnittsthema – es erfordert Datenkompetenz, Nachhaltigkeitsexpertise und Geschäftsverständnis gleichermaßen. In der Praxis treffen hier jedoch häufig Kulturen aufeinander: Data Scientists sprechen in Modellen, Nachhaltigkeitsteams in ESG-Kennzahlen, die Finanzabteilung in ROI und Cashflow. Ohne ein verbindendes Framework und die Bereitschaft, Silos zu überwinden, bleibt PSI Stückwerk. Genau deshalb betonen Seebacher und Zacharias (2025), dass Methoden- und Strukturkompetenz entscheidend ist: Nur wer systematisch Prozesse definiert, Rollen klar zuteilt und Governance schafft, kann den Mehrwert prädiktiver Intelligenz tatsächlich heben.

Ein Beispiel aus der Konsumgüterindustrie verdeutlicht die Problematik: Dort wurde ein ambitioniertes PSI-Projekt gestartet, das Emissionstrends entlang der Lieferkette vorhersagen sollte. Während die IT-Abteilung früh Prototypen lieferte, scheiterte das Projekt daran, dass weder das Nachhaltigkeitsteam noch die Beschaffung bereit waren, ihre Daten konsequent zu teilen. Das Ergebnis: Ein technisch exzellentes Modell ohne organisatorische Traktion. Erst nachdem ein interdisziplinäres Kernteam mit klarer Mandatierung gebildet wurde, konnte PSI in die Beschaffungsstrategie integriert werden – mit dem Resultat, dass Lieferanten nicht nur nach Preis, sondern auch nach voraussichtlicher CO_2-Performance bewertet wurden.

Die kritische Reflexion lautet: PSI kann nur dann Wirkung entfalten, wenn es nicht als isoliertes Tool verstanden wird, sondern als Transformationsprogramm, das durch Vision, Führung und Teamstrukturen getragen wird. Viele Unternehmen unterschätzen genau diese Dimensionen und glauben, durch den Zukauf von Software sei der Weg geebnet. In Wahrheit ist es die Fähigkeit, Ziele klar zu formulie-

Tab. 4.1 Wichtige Rollen für die Implementierung von Predictive Sustainability Intelligence. (Quelle: eigene Darstellung)

Rolle	Verantwortlichkeiten im PSI-Projekt
Executive Sponsor (z. B. CEO/CFO)	Verankert PSI in Unternehmensstrategie; stellt Ressourcen bereit; kommuniziert Vision intern wie extern.
Projektleitung PSI (z. B. Nachhaltigkeitsmanager/in)	Koordiniert das Gesamtprojekt; Schnittstelle zwischen Fachbereichen (Nachhaltigkeit, IT, Fachabteilungen) und Management.
Data Scientist/Analytics Lead	Entwickelt Vorhersagemodelle; wählt Algorithmen und Tools; stellt Datenqualität sicher; leitet Data-Analytics-Team.
IT-Architekt/in	Verantwortet technische Infrastruktur (Datenplattform, Cloud, Schnittstellen); sorgt für Datenschutz und Sicherheit.
Fach-Expert/innen aus Bereichen (Produktion, Logistik, HR, etc.)	Liefern Domänenwissen; definieren Anwendungsfälle in ihrem Bereich; interpretieren Modell-Ergebnisse fachlich.
Nachhaltigkeitsexpert/in (CSR/ESG)	Stellt sicher, dass Modelle relevante ESG-Aspekte berücksichtigen; übersetzt Ergebnisse in Nachhaltigkeitsstrategie; behält regulatorische Anforderungen im Blick.
Change Manager/in	Begleitet kulturellen Wandel; schult Mitarbeiter; fördert Akzeptanz für datengetriebene Entscheidungen im Unternehmen.

ren, bereichsübergreifende Zusammenarbeit zu organisieren und kulturelle Barrieren zu überwinden, die den Unterschied macht. PSI zwingt Unternehmen dazu, gewohnte Pfade zu verlassen und den Schritt von retrospektiver Dokumentation zu prospektiver Steuerung zu vollziehen – und das gelingt nur, wenn Führung und Organisation diesen Weg konsequent mitgehen.

Tab. 4.1 liefert einen Überblick für wichtige Rollen im Rahmen eines PSI-Projektes.

Ein funktionierendes Kernteam ist das Herzstück jeder erfolgreichen PSI-Initiative. Es sollte klein genug sein, um agil arbeiten zu können, aber gleichzeitig breit genug aufgestellt, um alle entscheidenden Kompetenzen abzudecken. In der Realität zeigt sich jedoch häufig ein Missverhältnis: Entweder werden die Teams zu groß und bürokratisch, wodurch Geschwindigkeit und Innovationskraft verloren gehen, oder sie bleiben zu eng besetzt, sodass zentrale Kompetenzen fehlen. Gerade bei hoch spezialisierten Themen wie KI-gestützten Prognosen oder ESG-Datenanalysen sind externe Berater oder Technologiepartner unverzichtbar – nicht als Ersatz, sondern als gezielte Verstärkung. Doch auch hier machen Unternehmen oft den Fehler, sich auf kurzfristige Dienstleister zu verlassen, ohne internes Wissen systematisch aufzubauen. Das Ergebnis: Abhängigkeiten, die langfristig teuer werden.

4.1.2 Umfassende Datenbestandsaufnahme

Parallel dazu ist eine umfassende **Datenbestandsaufnahme** notwendig – und genau hier stoßen viele Unternehmen an ihre Grenzen. Die Praxis zeigt, dass zwar eine Fülle an Daten vorhanden ist, diese jedoch häufig in Silos liegt, unzureichend gepflegt oder in inkompatiblen Formaten gespeichert ist. Produktionsdaten, Energieverbrauch, Lieferantendaten oder HR-Daten existieren nebeneinander, ohne dass sie sinnvoll verknüpft werden können. Die vielzitierte „Data Map" bleibt daher oft eine Wunschvorstellung. Unternehmen, die es schaffen, ihre Datenquellen nicht nur zu inventarisieren, sondern auch deren Qualität konsequent zu prüfen und früh in ein Datenmanagement zu überführen, haben einen echten Vorsprung. Dasselbe gilt für externe Daten: Wetterdaten, Satelliteninformationen oder Branchenbenchmarks werden zwar gerne erwähnt, in der Realität aber selten konsistent eingebunden. Genau hier liegt eine zentrale Hürde auf dem Weg von theoretischen Projekten zu belastbaren Vorhersagen.

4.1.3 Tool Follows Methodik

Ein weiteres kritisches Feld ist die **Tool-Auswahl**. Auf diesem Gebiet warten auch die größten Gefahrenpotenziale. Denn wenn aus dem Thema PSI ein „Tool-Thema" wird dann ist dies der falsche Weg. Zuallererst müssen die methodischen und strukturellen Hausaufgaben gemacht werden, um die Anforderungen und Funktionen ausreichend klar definiert zu haben, um auf dieser Basis dann eine valide und nachhaltig passende Auswahl von einem oder mehreren relevanten Tools überhaupt durchführen zu können. Das Prinzip, dass man sich immer vor Augen halten muss, ist das Sprichwort, dass ein Narr mit den besten Tool, dass er nicht anzuwenden im Stande ist, dennoch ein Unwissender bleibt.

> Fools With Tools Remain Fools!

Viele Unternehmen verfügen bereits über BI- oder Analytics-Software wie Tableau, PowerBI oder SAP Analytics und wiegen sich damit in trügerischer Sicherheit. Doch klassische BI ist retrospektiv – sie beschreibt, was war, nicht, was kommt. Für PSI werden jedoch Plattformen benötigt, die Machine Learning Operations, Forecasting und prädiktive Simulationen ermöglichen. Stattdessen investieren Unternehmen oft in teure Systeme, die weder mit den Kompetenzen des Teams harmonieren noch skalierbar sind. Erfolgreicher sind jene Organisationen, die pragmatisch beginnen: Open-Source-Tools nutzen, vorhandene Systeme gezielt erweitern und erst dann in spezialisierte Plattformen investieren, wenn ein belastbarer Business Case vorliegt.

4.1.4 Das klare Mandat von oben

Am Ende dieser ersten Phase sollte mehr stehen als nur ein technisches Fundament. Entscheidend ist ein **klares Mandat von oben**, ein **handlungsfähiges Kernteam**, eine **kritisch geprüfte Datenbasis** und ein **realistischer technischer Fahrplan**. Doch die Praxis zeigt: Allzu oft wird genau an diesen Punkten gespart – Visionen bleiben unverbindlich, Teams ohne Entscheidungsbefugnis, Daten ohne Qualität und Tools ohne Strategie. Wer PSI jedoch als strategisches Transformationsprojekt versteht, kann in dieser frühen Phase den entscheidenden Unterschied machen: nicht nur Grundlagen zu schaffen, sondern die Weichen zu stellen für nachhaltige Wettbewerbsfähigkeit in einer zunehmend post-growth-orientierten Welt.

4.2 Phase 2: Pilotfelder definieren und Machbarkeit prüfen (Monat 4–6)

Die Auswahl konkreter Use Cases ist der Lackmustest jeder PSI-Initiative. Hier entscheidet sich, ob das Thema im Unternehmen als strategische Innovation mit Transformationskraft wahrgenommen wird – oder ob es in die Falle klassischer Proof-of-Concept-Spielereien tappt, die nach kurzer Zeit wieder versanden. Entscheidend ist, Pilotprojekte zu wählen, die nicht nur technisch machbar sind, sondern auch sichtbar Mehrwert schaffen. Nur wenn Nutzen nachvollziehbar belegt wird, können Vertrauen und Akzeptanz entstehen – sowohl im Management als auch bei den Mitarbeitenden.

4.2.1 Mögliche Pilotfelder

Beispiele für solche Pilotfelder liegen auf der Hand: Energieoptimierung in Produktionsanlagen, wo durch den Einsatz prädiktiver Modelle Energieverbräuche präzise prognostiziert und Einstellungen angepasst werden können – mit realistischen Einsparpotenzialen von fünf bis zehn Prozent. Oder die Analyse von Mitarbeiterfluktuation, bei der historische HR-Daten genutzt werden, um Kündigungswahrscheinlichkeiten vorherzusagen und Risikofaktoren früh zu identifizieren. Auch Lieferkettenrisiken können mit PSI besser adressiert werden, wenn externe Variablen wie Wetter- oder Nachfragedaten integriert werden – ein entscheidender Vorteil in Zeiten fragiler globaler Wertschöpfungsketten. Schließlich bietet auch die Absatzprognose nachhaltiger Produkte erhebliches Potenzial: Wer frühzeitig erkennt, wie sich Nachfrage entwickelt, kann Lagerbestände reduzieren, Out-of-Stock-Situationen vermeiden und gleichzeitig Überproduktion verhindern – ein doppelter Gewinn für Wirtschaftlichkeit und Nachhaltigkeit.

4.2.2 Nicht opportunistisch, sondern strategisch!

Doch die Praxis zeigt: Viele Unternehmen wählen ihre Piloten nach Opportunität statt nach strategischer Relevanz. Häufig werden Projekte initiiert, weil Daten „zufällig verfügbar“ sind oder weil einzelne Abteilungen Experimentierfreude signalisieren. Das Ergebnis sind isolierte Insellösungen, die kaum Strahlkraft für die Gesamtorganisation entfalten. Hinzu kommt, dass die Erfolgsmessung oft unscharf bleibt. Ohne klare Hypothesen und KPIs – etwa die Erwartung, Wartungskosten um 15 % zu senken oder eine Vorhersagegenauigkeit von 80 % bei Kündigungen zu erreichen – werden die Projekte zum Selbstzweck und verlieren jede Management-Aufmerksamkeit.

Eine kritische Reflexion macht deutlich: Pilotprojekte sind keine Spielwiese für technologische Neugier, sondern ein strategisches Instrument, um **nachhaltige Wertschöpfung** sichtbar zu machen. Richtig umgesetzt, sind sie die Brücke zwischen abstrakter Vision und konkretem Unternehmensnutzen. Richtig verfehlt, sind sie der Grund, warum so viele Initiativen im Bereich Künstliche Intelligenz, Analytics und Sustainability scheitern.

Für eine Post-Growth-Ökonomie kommt es darauf an, dass Use Cases nicht nur Effizienzsteigerungen im klassischen Sinn adressieren, sondern auch **Resilienz, Nachhaltigkeit und soziale Verantwortung** messbar machen. Genau darin liegt die eigentliche Transformationskraft von Predictive Sustainability Intelligence: Sie erlaubt es Unternehmen, jenseits kurzfristiger Gewinne langfristige Zukunftsfähigkeit zu demonstrieren.

4.2.3 Die Fachexpertise ist entscheidend!

Die Phase der **Datenaufbereitung und Modellierung** markiert den entscheidenden Übergang von der abstrakten Idee zur konkreten Umsetzung. Hier zeigt sich, ob ein Unternehmen in der Lage ist, aus seinen Daten tatsächlich belastbare Vorhersagen abzuleiten – oder ob es an Fragmentierung, mangelnder Datenqualität und fehlender Zusammenarbeit scheitert. Data Scientists können zwar Prototypen entwickeln, doch ohne sauberes Daten-Cleansing, sinnvolles Feature Engineering und die enge Abstimmung mit den Fachbereichen bleiben die Modelle akademische Fingerübungen. Genau hier trennt sich in der Praxis der Spieltrieb von echter Wertschöpfung.

Besonders kritisch ist die Einbindung der Fachabteilungen. Ein Produktionsleiter muss nachvollziehen können, warum ein Energie-Optimierungsmodell bestimmte Handlungsempfehlungen ausspricht; ein HR-Manager muss verstehen, auf welcher Basis ein Fluktuationsmodell Kündigungsrisiken identifiziert. Nur so entsteht Vertrauen in die Technologie – und nur so kann das notwendige Feedback aus der Praxis in die Modelloptimierung zurückfließen. Fehlt diese frühe Akzeptanz, droht die klassische Abwehrreaktion: „Das Modell mag statistisch stimmen, aber in der Realität funktioniert es nicht."

4.2.4 Scheitern als Chance

Auch das Scheitern einzelner Piloten darf nicht als Niederlage missverstanden werden. Im Gegenteil: Ein Modell, das nur 60 % der Kündigungen erkennt oder in einem Pilotwerk kaum Energieeinsparungen bringt, liefert wertvolle Hinweise, wo Daten fehlen, Hypothesen zu eng gefasst sind oder zusätzliche externe Informationen integriert werden müssen. In vielen Unternehmen wird diese Lernchance jedoch verschenkt, weil Misserfolge nicht transparent kommuniziert, sondern verschwiegen werden – was langfristig das Vertrauen ins gesamte Programm unterminiert.

Die größten Defizite heutiger Praxis liegen darin, dass Pilotprojekte oft als technische Demonstrationen enden, statt als strategisches Lern- und Veränderungsinstrument genutzt zu werden. Dabei zeigt sich gerade in dieser Phase, ob ein Unternehmen den Mut hat, Scheitern als Investition in organisationales Lernen zu begreifen. Firmen, die ihre Piloten rein technisch denken, bleiben im „Proof-of-Concept-Limbo" gefangen; Firmen, die sie als Change-Instrument begreifen, schaffen den Übergang in nachhaltige, skalierbare Anwendungen.

Im Kontext einer Post-Growth-Ökonomie ist genau das entscheidend: Daten- und Modellarbeit darf nicht allein auf Effizienzsteigerung zielen, sondern muss auch Transparenz, Verantwortung und Nachhaltigkeit fördern. Wenn Prototypen nicht nur Energieeinsparungen oder HR-Kostensenkungen, sondern auch **ökologische und soziale Wirkungen** sichtbar machen, dann entsteht ein neues Narrativ: PSI als Werkzeug für resiliente, zukunftsfähige Unternehmen, die nicht nur auf kurzfristige Gewinne, sondern auf langfristige gesellschaftliche Wertschöpfung setzen.

4.3 Phase 3: Ausrollen und Integrieren in Geschäftsprozesse (Monat 7–12)

Der Übergang von punktuellen Piloten zur unternehmensweiten Einführung von Predictive Sustainability Intelligence (PSI) ist kein „Lift-and-Shift", sondern ein Strategiewechsel: von lokaler Evidenz zu skalierbarer Wertschöpfung. Genau hier scheitern viele Organisationen. Nach dem Proof of Concept werden Modelle und Dashboards kopiert, aber nicht die **Entscheidungslogik**, die **Governance** und die **Lernschleifen** mitgenommen. Das Ergebnis sind Insellösungen ohne Traktion – und ein wachsender „Change-Debt": technische Reife ohne organisatorische Anschlussfähigkeit.

4.3.1 Fokus aus Skalierung

Ein belastbarer Rollout beginnt mit einem **klar priorisierten Skalierungsplan**: Welche Werke, Einheiten oder Prozesse profitieren als Nächstes – gemessen an erwartetem Nutzen *und* Machbarkeit (Datenübertragbarkeit, Prozessähnlichkeit, Change-Bereitschaft)? Statt maximaler Breite empfiehlt sich kontrollierte Tiefe: **phasenweise Expansion**, jede Stufe mit expliziten Wert-Hypothesen, KPIs, und einem Stage-Gate, das entscheidet, ob skaliert, angepasst oder gestoppt wird. Genau diese Disziplin unterschied erfolgreiche Programme in der Vergangenheit – etwa bei **UPS**, wo die Routen-Optimierung (ORION) nicht nur technisch, sondern operativ verankert wurde: 55.000 Fahrer, nachweislich dreistellige Millionen-Einsparungen pro Jahr und reduzierte Emissionen, weil Entscheidungen täglich prädiktiv-operativ getroffen werden – nicht bloß visualisiert (Holland et al., 2017).

Skalierung verlangt zweitens **Produktisierung statt Projektitis**: Aus einem Modell werden **Entscheidungsprodukte** – mit stabilem Datenvertrag, Feature-Store, Modell-Registry, MLOps-Pipelines, Monitoring von Drift/Wirkung und klaren Ownership-Rollen. Nur so lässt sich vermeiden, dass jede neue Einheit ein „neues" Projekt startet. Die Lehre aus industriellen Leuchttürmen ist eindeutig: **Google/DeepMind** erzielte in Rechenzentren bis zu **40 % weniger Kühlenergie** (≈ 15 % Gesamtenergie) – nicht durch ein einzelnes Skript, sondern durch eine prädiktive Regel- und Steuerungslogik, die in den operativen Betrieb überführt wurde. Das ist der Unterschied zwischen Demo und **dauerhaftem Wirkungsbetrieb**.[1]

4.3.2 Regulatorische und kapitalmarktseitige Anschlussfähigkeit

Drittens braucht der Rollout **regulatorische und kapitalmarktseitige Anschlussfähigkeit**. Mit der **CSRD** werden ab dem **Geschäftsjahr 2024** (Berichte 2025) vorausschauende Offenlegungen zu Klima- und Nachhaltigkeitsrisiken Pflicht – PSI liefert dafür die integrierte Daten- und Prognosebasis und senkt zugleich die Berichtskosten, weil Messlogik, Forecasts und Maßnahmenpfade konsistent werden. Zugleich bleibt der Rahmen dynamisch – Diskussionen um Vereinfachungen zeigen, dass Unternehmen eine Architektur brauchen, die **robust gegen Regulierungsänderungen** ist, statt auf Einmal-Projekte zu setzen.[2] Praxisstudien zu ESG-Reporting unterstreichen: Wer strukturiert berichtet und steuert, reduziert Risiken und verbessert die Kapitalmarktwirkung – Grundlage ist jedoch belastbare Datengüte und Prognosefähigkeit.[3]

Viertens: **Wertlogik vor Tool-Logik**. Viele Rollouts werden von Tool-Roadmaps getrieben und verlieren den strategischen Nordstern. PSI ist – wissenschaftlich fundiert – **mehr als Predictive Analytics**: Es koppelt Prognosen mit **präskriptiver Entscheidungsoptimierung** und misst den Effekt im **Closed-Loop**. Nur so entsteht replizierbare Wirkung. Bertsimas & Kallus (2020) zeigen, wie „Prescriptiveness" messbar gemacht wird; Chen et al. (2012) markieren die Grenzen klassischer BI. Diese Trennschärfe verhindert, dass Skalierung zur Vervielfältigung retrospektiver Reports verkommt.[4]

---

[1] https://deepmind.google/discover/blog/deepmind-ai-reduces-google-data-centre-cooling-bill-by-40/. Zugegriffen: 25. August 2025.

[2] https://www.reuters.com/sustainability/whats-inside-eus-simplification-omnibus-sustainability-rules-2025-02-26/. Zugegriffen: 25. August 2025.

[3] https://assets.kpmg.com/content/dam/kpmg/se/pdf/komm/2022/Global-Survey-of-Sustainability-Reporting-2022.pdf. Zugegriffen: 23. August 2025.u.

[4] https://pubsonline.informs.org/doi/10.1287/mnsc.2018.3253. Zugegriffen: 21. August 2025.

Fünftens muss Skalierung **Ökonomie, Ökologie und Soziales** zugleich adressieren – nicht seriell, sondern **simultan**. Der Business-Case dafür ist gut belegt: Metastudien zeigen in ~ **90 %** der Fälle keinen negativen, häufig einen positiven Zusammenhang zwischen ESG-Leistung und finanzieller Performance. PSI beschleunigt diesen Effekt, weil es nicht nur misst, sondern **handlungsfähig** macht – etwa wenn Energie-Optimierung (Produktion) und **Workforce-Risiko** (HR) parallel ausgerollt werden und so Effizienz-, Risiko- und Reputationspfade gemeinsam verbessern (Friede et al., 2015).

4.3.3 Die größten Gefahren im Roll-Out

Kritisch betrachtet liegen die größten Gefahren eines Rollouts in vier Mustern, die wir immer wieder beobachten:

1. **Copy-Paste ohne Kontext**: Modelle werden 1:1 übertragen, obwohl Prozess-, Klima- oder Belegschaftsprofile differieren – Ergebnis sind Performance-Einbrüche und Vertrauensverlust. Abhilfe: **lokale Kalibrierung** als Pflichtschritt.
2. **Messung ohne Wirkung**: KPIs tracken Prognosegüte, aber nicht **Entscheidungsqualität** (z. B. eingesparte MWh, vermiedene CO_2-Kosten, reduzierte Fluktuation). Abhilfe: Wirkungs-KPIs und A/B- bzw. DiD-Designs als Standard.
3. **Change-Blindheit**: Fachbereiche wurden im Piloten gehört, im Rollout aber überrollt – Widerstände wachsen, Schatten-IT entsteht. Abhilfe: **Enablement-Tracks** (Training, Playbooks, Decision-Rights) pro Welle.
4. **Regulatorik als Vorwand**: Rechtliche Unsicherheit wird zur **Default-Blockade** – dabei verlangt gerade der Regulierer belastbare Prozesse und Transparenz. Abhilfe: **Compliance-by-Design** in Datenfluss, Modellkarten und Entscheidungslogs; Reporting-Artefakte direkt aus PSI speisen.[5]

Wie sieht „gut" in der Praxis aus? Drei Musterfälle:

- **Netzwerk-Rollout nach Nutzenkachel**: Nach einem erfolgreichen Energie-Pilot in Werk A werden Werke B–D nicht simultan, sondern in **Sequenz** aus-

[5] https://finance.ec.europa.eu/capital-markets-union-and-financial-markets/company-reporting-and-auditing/company-reporting/corporate-sustainability-reporting_en. Zugegriffen: 23. August 2025.

gerollt – jeweils mit lokalem Retrofit der Sensordaten, Standard-Features aus dem Feature-Store und einem **gemeinsamen Regelwerk** für Betriebsentscheidungen. Der Lerneffekt jeder Welle verbessert die nächste – wie bei UPS, wo ORION erst mit operativer Disziplin die skalenfähigen Effekte freisetzte (Holland et al., 2017)

- **Domänenübergreifende Skalierung**: Ein HR-Kündigungsmodell wird nicht nur global aktiviert, sondern mit **Next-Best-Actions** (Retention-Gespräche, Lernpfade, Mobility-Optionen) operationalisiert. Wirkung wird als **vermiedene Rekrutierungs- und Ramp-Up-Kosten** bilanziert; Governance schützt Fairness/Transparenz. (Vgl. prädiktive Workforce-Ansätze im Markt; Erfolgslogik: Prognose → Entscheidung → Effekt.)
- **Betriebsintegrierte Regelung**: Rechenzentrums-Cooling-Optimierung wird als **Regelkreis** in die Gebäudeautomation integriert – mit Leitplanken und menschlicher Übersteuerung. Genau dieses Prinzip machte den DeepMind-Case replizierbar und ökonomisch relevant.

4.3.4 Erfolg durch Wachstumsqualität

Schließlich die Perspektive **Sustainable Futures/Post-Growth**: Skalierung von PSI ist dann gelungen, wenn sie **Wachstumsqualität** statt Volumenzuwachs erzeugt – mehr **Kapital- und Ressourceneffizienz**, geringere **Variabilität und Risiken**, höhere **gesellschaftliche Akzeptanz**. Das ist kein Widerspruch zum Wettbewerb: Märkte honorieren transparente, resilient gesteuerte Unternehmen – auf der Investorenseite ist der Business Case für ESG inzwischen breit empirisch untermauert (Friede et al., 2015) Die Konsequenz für den Rollout lautet daher: **Wertschöpfung dreidimensional planen**, Wirkung messen, Entscheidungen dokumentieren – und PSI als **Entscheidungsbetriebssystem** ausrollen, nicht als weiteres Analytik-Tool.

4.4 Phase 4: Verankerung, Erweiterung und Kulturwandel (ab Monat 13)

Nach rund einem Jahr intensiver Implementierung stellt sich für viele Unternehmen nicht mehr die Frage nach der Machbarkeit von Predictive Sustainability Intelligence (PSI), sondern nach deren **Verankerung im organisationalen Gefüge**. Die eigentliche Herausforderung liegt weniger in der technischen Skalierung, sondern in der **Institutionalisierung**, also der dauerhaften Integration von PSI in Entscheidungslogiken, Routinen und Kulturen. Hier trennt sich die Spreu vom Weizen: Während einige Unternehmen den anfänglichen Schwung verlieren und PSI als „Projekt“ im Sand verläuft, gelingt es anderen, die neue Intelligenz als **dauerhafte strategische Ressource** zu etablieren.

Ein kritischer Erfolgsfaktor ist die **Organisationsstruktur**.

4.4.1 Institutionelle Verankerung als „Must-Have“!

Viele Unternehmen experimentieren mit Kompetenzzentren oder „Centers of Excellence“ für Data & Sustainability. Diese zentralisierten Einheiten bündeln Expertise, sichern Datenqualität und entwickeln Methodenstandards. IBM etwa hat für seine KI-gestützten Talentprognosen ein internes Kompetenzzentrum aufgebaut, das zugleich Governance-Funktion hat und die Skalierung über Divisionen hinweg sicherstellt. Das Resultat: ein „Predictive Attrition Program“, das mit 95 % Genauigkeit Kündigungen vorhersagen konnte und nach eigenen Angaben bereits über **300 Mio. USD an Fluktuationskosten eingespart** hat (Cohen, 2019).

Ohne institutionelle Verankerung wäre dieser Wertbeitrag wohl nie gehoben worden. Ein zweiter Baustein ist die **Skalierung auf neue Felder**. Nach ersten Erfolgen etwa in Energieeffizienz oder HR stellt sich die Frage, wie PSI auf komplexere Use Cases ausgeweitet werden kann – beispielsweise **Predictive Scenario Planning** über einen Horizont von 5–10 Jahren. Solche Szenarien werden zunehmend relevant, da regulatorische und ökologische Unsicherheiten die Unternehmensplanung dominieren. Unternehmen, die hier prädiktive Simulationsmodelle einsetzen, verschaffen sich einen strategischen Vorsprung. Ein Beispiel ist die **Automobilindustrie**: Hersteller, die früh KI-gestützte Szenarien zu Emissionsregulierungen nutzten, investierten zeitgerecht in Elektromobilität und stehen heute besser da, da Verbrenner-Verbote schneller greifen, als viele erwartet hatten.

4.4.2 Cultural Intelligence als Hebel

Drittens bedarf es einer **Kulturveränderung** im Sinne der *Cultural Intelligence* (Krings et al., 2025). PSI darf nicht als isolierte Experten-„Black Box“ verstanden werden, sondern muss in die Breite getragen werden. Das bedeutet: **Datenkompetenzoffensiven** im Kontext von datengetriebenem Management (Seebacher, 2021a, b) für Mitarbeitende, Schulungen zur Interpretation prädiktiver Modelle, und Programme für Führungskräfte, die lernen, Entscheidungen **balanciert** zwischen Erfahrung und Datenbasis zu treffen. Studien zu „Leading with Data“ zeigen, dass Führungspersonen, die Prognosedaten aktiv in ihre Entscheidungsprozesse integrieren, bessere finanzielle und organisationale Ergebnisse erzielen, jedoch nur, wenn sie ihre Intuition nicht völlig verdrängen (Davenport & Harris, 2017). Erfolgreiche Unternehmen koppeln dies zudem an **Anreizsysteme**, etwa indem sie Nachhaltigkeits-KPIs in Management-Boni integrieren. Damit wird vorausschauendes Handeln mess- und belohnbar.

Ein vierter Aspekt betrifft die **Kommunikation**. Ohne Sichtbarkeit verlieren PSI-Programme an Legitimation. Erfolgreiche Unternehmen kommunizieren nicht nur intern, sondern auch extern: Google etwa machte die **40 % Energieeinsparungen in seinen Rechenzentren durch DeepMind-KI** öffentlich bekannt – ein Case, der nicht nur den ökologischen, sondern auch den ökonomischen Nutzen unterstreicht. Hierzu ist es jedenfalls erforderlich über die Neugestaltung der Unternehmenskommunikation (Seebacher, 2024) in Zeiten von CommTech (Seebacher et al., 2025) nachzudenken und diesen Wandel proaktiv zu treiben.

4.4.3 Transparenz schafft Vertrauen

Transparenz wirkt nach innen motivierend („Pride in Purpose") und nach außen reputationsstärkend – eine doppelte Dividende. In einer Zeit, in der **Greenwashing-Vorwürfe** zum Reputationsrisiko geworden sind, ist die nachweisbare Verknüpfung von PSI-Ergebnissen und Unternehmensperformance ein entscheidender Faktor für Glaubwürdigkeit und Investor Relations (KPMG, 2022).

Doch es gibt auch **kritische Spannungsfelder**. Viele Organisationen unterschätzen die **Kosten der Institutionalisierung** – nicht nur für IT-Infrastruktur, sondern auch für laufende Datenpflege, Lizenzierung und Training. Werden diese Kosten nicht in Budgets verankert, erodiert die Datenqualität, und PSI degeneriert zu punktuellen Analysen ohne Entscheidungswirkung. Ebenso besteht die Gefahr, dass PSI auf **zu ambitionierte Felder** ausgeweitet wird, ohne ausreichend Pilotierung. Statt Wert zu generieren, produziert man dann „Predictive Overload" – mehr Modelle als Entscheidungen, mehr Daten als Handlungen.

Vor allem aber zeigt sich: Die Institutionalisierung von PSI ist mehr als ein organisatorischer Schritt – sie ist ein **kultureller Wendepunkt**. Unternehmen, die prädiktives Denken in ihre DNA integrieren, bewegen sich in Richtung einer **Sustainable-Futures-Logik**, in der nicht kurzfristiges Wachstum, sondern langfristige Resilienz und Wettbewerbsfähigkeit zählen (Rockström et al., 2009). In der Logik einer **Post-Growth-Ökonomie** bedeutet dies: PSI schafft nicht nur mehr Umsatz oder weniger Kosten, sondern ermöglicht eine qualitativ höhere Form des Wirtschaftens – ressourcenschonend, risikoarm, gesellschaftlich akzeptiert.

4.4.4 Von punktueller Innovation zu struktureller Transformation

Die zentrale Lektion lautet daher: **Institutionalisierung ist nicht Selbstzweck, sondern der Übergang von punktueller Innovation zu struktureller Transformation**. PSI wird so nicht nur zum Werkzeug, sondern zum Betriebssystem für nachhaltige Unternehmensführung – vorausgesetzt, es wird mit der nötigen Tiefe, Ernsthaftigkeit und Governance implementiert.

Am Ende von Phase 4 – wobei diese Phase streng genommen nie „endet", sondern in den kontinuierlichen Betrieb übergeht – sollte Predictive Sustainability Intelligence (PSI) kein Experiment oder Sonderprojekt mehr darstellen, sondern ein **gelebter Bestandteil der Unternehmensführung** sein. Genau hier zeigt sich jedoch die größte Bewährungsprobe: Viele Organisationen betrachten PSI nach der Implementierung als abgeschlossenes Projekt und versäumen es, die Systeme, Prozesse und kulturellen Veränderungen dauerhaft zu verankern. In der Folge versanden erste Erfolge, Datenqualität erodiert und die anfänglich erzielten Einsparungen oder Innovationspotenziale bleiben isolierte Episoden, anstatt sich zu einem systemischen Werttreiber zu entwickeln.

Die erfolgreiche Transformation erfordert daher **Führung, Investitionen und Beharrlichkeit**. Führung deshalb, weil PSI ohne ein klares Bekenntnis des Top-Managements Gefahr läuft, in der Prioritätenkonkurrenz unterzugehen. Investitionen sind nötig, da Predictive-Intelligence-Systeme nur dann zuverlässig bleiben, wenn sie kontinuierlich mit neuen Daten, verbesserten Modellen und geschulten Mitarbeitern betrieben werden. Und Beharrlichkeit, weil es Jahre dauern kann, bis PSI nicht mehr als „technisches Tool", sondern als selbstverständlicher Teil der **strategischen Entscheidungsarchitektur** anerkannt wird.

Ein Beispiel liefert die Energiebranche: Unternehmen, die KI-basierte Prognosen zunächst in Pilotprojekten zur Netzstabilisierung einsetzten, mussten feststellen, dass erst durch die institutionelle Integration – also durch dauerhafte Verankerung in Governance, Budget und Anreizsystemen – ein echter Mehrwert entstand. Nur so konnten Energieversorger über Jahre hinweg Millionen an Kosten vermeiden, CO_2-Emissionen reduzieren und gleichzeitig ihre Resilienz gegenüber regulatorischen und klimatischen Risiken erhöhen (KPMG, 2023).

4.4.5 Keine analytischen Inseln, sondern integrative Next-Best-Actions

Kritisch zu reflektieren ist, dass viele bestehende Marktangebote an diesem Punkt scheitern. Sie bleiben bei **analytischen Inseln** stehen – Dashboards, Reports oder punktuelle Prognosen –, die zwar interessante Einsichten liefern, jedoch **keine handlungsleitenden Konsequenzen** entfalten. Genau hier setzt **Predictores.ai** als Branchenführer an: Statt bei der reinen Analyse stehen zu bleiben, verbindet das Modell prädiktive Erkenntnisse direkt mit **Next-Best-Actions**. Diese Fähigkeit zur **prädiktiv-operativen Steuerung** unterscheidet PSI nach dem Verständnis von Predictores.ai fundamental von klassischen Ansätzen im Bereich Business Intelligence oder Predictive Analytics. Es geht nicht um die bloße Visualisierung von Risiken oder Chancen, sondern um die aktive Empfehlung und Priorisierung der **optimalen nächsten Handlungsschritte** – ein Paradigmenwechsel von Information zu Aktion.

Darüber hinaus ist der kontinuierliche Betrieb von PSI nicht nur eine Frage der Technologie, sondern auch eine Frage des **wirtschaftlichen Paradigmas**. In einer Zeit, in der sich Unternehmen zunehmend im Spannungsfeld zwischen **Sustainable Futures** und **Post-Growth-Ökonomie** bewegen, gewinnt PSI eine zusätzliche Dimension: Es geht nicht allein darum, Effizienzgewinne oder Kostensenkungen zu erzielen, sondern darum, **Qualität vor Quantität** in den Mittelpunkt der Wertschöpfung zu stellen. PSI ermöglicht es, ökologische Belastungsgrenzen einzuhalten (Rockström et al., 2009), soziale Risiken frühzeitig zu erkennen und ökonomische Resilienz aufzubauen – also jene Eigenschaften, die in einer postwachstumsorientierten Welt über langfristige Wettbewerbsfähigkeit entscheiden.

Die zentrale Lehre lautet: **PSI ist kein Sprint, sondern ein Marathon**. Wer es institutionell verankert, schafft nicht nur kurzfristige Vorteile, sondern baut ein **robustes, lernfähiges und zukunftsfähiges Geschäftsmodell** auf. Genau darin liegt die eigentliche Stärke von Predictores.ai – nicht in punktuellen Lösungen, sondern in einem Ansatz, der es Unternehmen ermöglicht, vorausschauende Intelligenz dauerhaft in ihre Governance und Kultur zu integrieren. Damit wird aus einer technischen Implementierung eine kulturelle Transformation – ein Schritt hin zu einer Unternehmensführung, die Wert nicht nur misst, sondern vorausschauend gestaltet.

5 Die 4 Erfolgsfaktoren für PSI

Die Einführung von Predictive Sustainability Intelligence (PSI) ist kein rein technisches Projekt, sondern eine **strategische Transformation** für das gesamte Unternehmen (vgl. Abb. 5.1). In diesem Kapitel wird skizziert, wie Verantwortliche schrittweise vorgehen können, um PSI nachhaltig zu verankern. Dabei stützen wir uns auf anerkannte Frameworks und aktuelle Forschung, die zeigen, dass die erfolgreiche Implementierung vorausschauender Intelligenz sowohl kulturelle als auch strukturelle Veränderungen erfordert (Davenport & Harris, 2017; Seebacher & Zacharias, 2025).

U. Seebacher, J. Forthmann, *Der Nachhaltigkeits-Code*, essentials,
https://doi.org/10.1007/978-3-658-50766-4_5

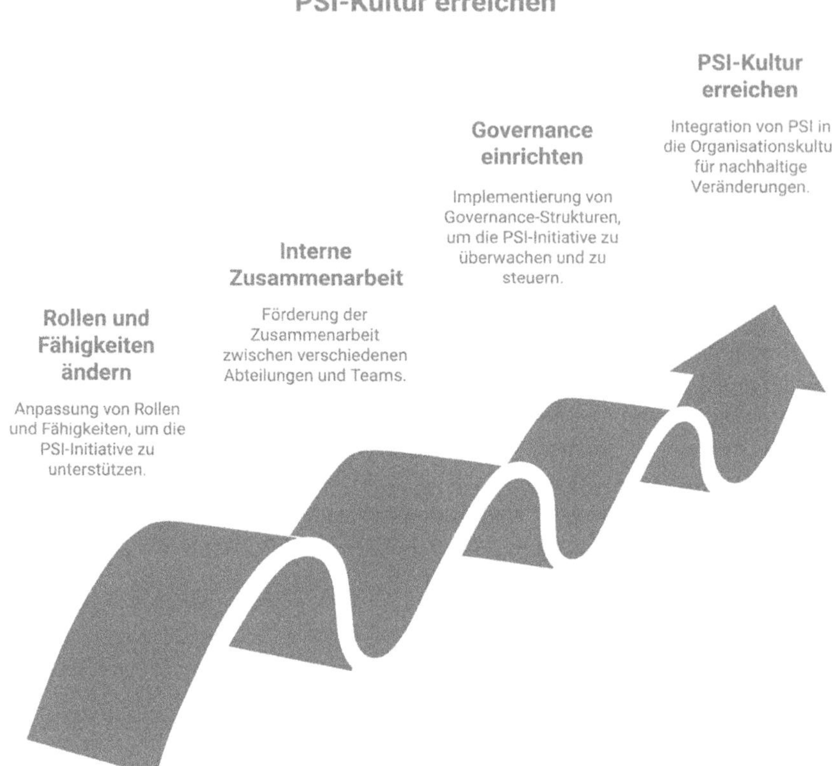

Abb. 5.1 Die 4 Erfolgsfaktoren für PSI. (Quelle: eigene Darstellung)

5.1 Vom Tool zum Mindset: PSI als Kulturwandel

Bevor konkrete Schritte betrachtet werden, ist ein zentraler Punkt hervorzuheben: PSI erfolgreich einzuführen, bedeutet nicht, lediglich neue Datenplattformen oder Analysemodelle zu implementieren, sondern **Denkweisen, Prozesse und die Haltung** im gesamten Unternehmen zu verändern. Nachhaltigkeit darf nicht länger als regulatorische Pflicht oder Zusatzthema verstanden werden, sondern muss zu einem **lernenden System** werden, das kontinuierlich aus Daten Feedback zieht und daraus zukunftsgerichtete Handlungen ableitet.

Dieser Kulturwandel sollte aktiv von der Führung getragen werden. Top-Manager*innen müssen die Vision vermitteln, warum Daten und KI künftig **integraler Bestandteil der Nachhaltigkeitsstrategie** sind – nicht als Selbstzweck, sondern um ökonomische, ökologische und soziale Wertschöpfung zugleich zu erhöhen. In der Praxis hat es sich bewährt, PSI als **Change-Prozess** zu begreifen. Zacharias und Seebacher (2024) betonen in ihrem Werk *Sustainable Futures*, dass die Einführung von Nachhaltigkeitsintelligenz weniger ein Technologieprojekt als vielmehr eine **organisatorische und kulturelle Transformation** darstellt.

Typische Vorbehalte – etwa die Angst vor zusätzlicher Bürokratie, Kontrollverlust oder „Greenwashing durch Algorithmen" – sollten offen thematisiert werden. Ein begleitendes Change Management mit Pilotprojekten, Quick Wins und Workshops trägt dazu bei, Akzeptanz aufzubauen. Mitarbeitende sollten früh in Projekte eingebunden werden, damit sie erleben, wie PSI ihre Arbeit erleichtert, Risiken sichtbar macht und Erfolge messbar werden lässt.

5.2 Vier Schritte zur Einführung von PSI

Auf Grundlage von Expertenempfehlungen und praktischen Erfahrungen lassen sich vier zentrale Schritte zur Implementierung von PSI identifizieren (vgl. Manyika et al., 2011; KPMG, 2022), auf die im Folgenden näher eingegangen wird. Dieses Modell kann direkt als Begleiter im Sinne einer organisationalen Roadmap von Organisationen eingesetzt werden.

5.2.1 Schritt 1: Bewusstsein schaffen (Awareness)

Zunächst muss ein gemeinsames Verständnis darüber geschaffen werden, was Predictive Sustainability Intelligence bedeutet und welchen Nutzen sie stiften kann. Dies gelingt durch interne Workshops, Management-Briefings und bereichsübergreifende Diskussionen. Fragen wie „Welche ökologischen und sozialen Risiken haben wir bisher übersehen?" oder „Welche regulatorischen Vorgaben hätten wir früher erfüllen können, wenn wir präziser vorausgesehen hätten?" helfen, den Mehrwert sichtbar zu machen. Externe Best Practices – etwa KI-gestützte Emissionsprognosen bei Google – können zusätzlich Orientierung geben. Ziel ist es, Neugier und Offenheit zu fördern und Ängste abzubauen.

5.2.2 Schritt 2: Datenstrategie und Infrastruktur aufbauen

Die Grundlage jeder prädiktiven Nachhaltigkeitsanalyse sind belastbare Daten. Daher erfolgt eine **Dateninventur**: Welche internen Daten liegen vor (z. B. Energieverbräuche, Lieferantendaten, ESG-Kennzahlen, HR-Daten)? Welche externen Datenquellen können integriert werden (z. B. Wetterdaten, Marktindikatoren, Satellitenbilder, Social Media)? Meist zeigt sich, dass Daten fragmentiert in Silos liegen. Der Aufbau einer **integrierten Datenplattform** ist daher zentral, ebenso wie die Definition klarer Zugriffsrechte und Governance-Strukturen. Parallel gilt es, Tools auszuwählen – von bestehenden BI-Systemen bis zu spezialisierten ML-Plattformen. Datenschutz und regulatorische Anforderungen, insbesondere im Rahmen der **EU-CSRD und EU-Taxonomie**, müssen von Beginn an mitbedacht werden (European Commission, 2023).

5.2.3 Schritt 3: Kontextualisierung und Modelltraining

Im nächsten Schritt werden die Daten operationalisiert. Die Modelle müssen mit unternehmens- und branchenspezifischen Kontexten trainiert werden, um präzise Prognosen zu liefern. Beispielsweise kann ein Emissionsmodell für die Stahlproduktion völlig andere Parameter erfordern als eines für den Einzelhandel. Ebenso wichtig ist die Definition relevanter Schwellenwerte und KPIs: Ab welchem Punkt gilt eine Abweichung im CO_2-Ausstoß als kritisch? Welche Szenarien sind für Lieferkettenrisiken relevant? Iterative Entwicklung mit Prototypen, Tests und Feedback-Schleifen stellt sicher, dass die Modelle realitätsnah und anwendbar bleiben (Rockström et al., 2009).

5.2.4 Schritt 4: Pilot – Anwenden, Evaluieren, Skalieren

Die ersten Pilotprojekte dienen dazu, PSI praktisch zu erproben. Beispiele sind Energieoptimierung in Produktionsanlagen, Vorhersagen von Mitarbeiterfluktuation im HR-Kontext oder Lieferketten-Risikomodelle für kritische Rohstoffe.

Entscheidend ist die **Evaluation**: Stimmen die Vorhersagen mit der Realität überein? Welche Quick Wins lassen sich nachweisen (z. B. 5–10 % Energieeinsparungen, frühzeitige Risikoerkennung)? Dokumentierte Erfolge sind wichtig, um Unterstützung im Management zu sichern. Schrittweise können weitere Anwendungsfelder integriert werden – bis PSI zu einem **festen Bestandteil der operativen und strategischen Steuerung** wird.

5.3 Veränderung von Rollen und Fähigkeiten

Die Einführung von PSI wirft unweigerlich die Frage auf, welche neuen Kompetenzen erforderlich sind. Muss nun jede*r Mitarbeiter*in Data Scientist werden? Die Antwort liegt in einer **Balance aus Upskilling und Spezialisierung**.

- **Upskilling des vorhandenen Teams**: Mitarbeitende sollten grundlegende Daten- und KI-Kompetenzen erwerben, um Modelle und Prognosen einordnen zu können. Begriffe wie Szenarioanalyse, Konfidenzintervall oder Kausalität müssen verstanden werden, um Ergebnisse nicht blind, sondern reflektiert zu nutzen (Davenport & Ronanki, 2018).
- **Neue Rollen einführen**: In größeren Organisationen entstehen spezifische Funktionen wie *Sustainability Data Analyst* oder *Predictive Sustainability Strategist*. Diese Rollen bilden die Schnittstelle zwischen Datenwissenschaft, Nachhaltigkeitsmanagement und Unternehmensführung.

Seebacher (2024) argumentiert, dass die Transformation hin zu Predictive Intelligence mehr erfordert als technologische Innovation: Sie verlangt eine **Neuausrichtung der organisationalen Wissensarchitektur**, inklusive neuer Kompetenzfelder. Diese umfassen Datenkompetenz, Technologieverständnis, Methoden- als auch Strukturkompetenz, interdisziplinäre Zusammenarbeit und Antizipationsfähigkeit. Unternehmen, die in diese Kompetenzentwicklung investieren, sichern sich langfristig einen entscheidenden Wettbewerbsvorteil.

5.4 Interne Zusammenarbeit und Governance

PSI kann nicht isoliert implementiert werden – es bedarf einer **interdisziplinären Zusammenarbeit**:

- **IT-Abteilung**: für Datenintegration, Toolauswahl und Sicherheit.
- **Rechts- und Compliance-Abteilung**: für die Einhaltung von Datenschutz, CSRD- und AI-Act-Anforderungen.
- **Nachhaltigkeits- und Fachabteilungen**: um Daten, Use Cases und Anwendungsfelder zu identifizieren und umzusetzen.

Ein **Governance-Rahmen** ist unverzichtbar. Dazu gehören klare Regeln für Datenzugriffe, Modellanpassungen und Transparenzanforderungen. Unternehmen wie KPMG (2022) empfehlen, Ethikrichtlinien zu formulieren, die sicherstellen, dass KI-Erkenntnisse Entscheidungen unterstützen, aber nicht vollständig automatisiert ersetzen.

5.4.1 Rechtsabteilungen als kontextlose, tickende Zeitbomben

Die Einführung von Predictive Sustainability Intelligence (PSI) erfordert nicht nur technologische und organisatorische Anpassungen, sondern auch ein neues Verständnis der Governance-Strukturen innerhalb von Unternehmen. Besonders kritisch ist dabei die Rolle der Rechtsabteilungen, die in vielen Fällen über **digitale Innovationsprojekte entscheiden**, ohne über den notwendigen fachlichen Kontext zu verfügen. Anstatt Innovationen als strategische Chancen zu bewerten, werden Projekte vorschnell unterbunden – häufig mit dem Hinweis auf Compliance oder Risikominimierung.

Empirische Studien zeigen, dass rechtliche Blockaden erhebliche wirtschaftliche Schäden verursachen können. So weist eine Untersuchung von McKinsey (2021) darauf hin, dass Unternehmen, die Digitalisierungsprojekte aufgrund regulatorischer Unsicherheit verzögern, bis zu **30 % ihres potenziellen Wertbeitrags verlieren**. KPMG (2023) ergänzt, dass gerade im Bereich der Nachhaltigkeit verpasste Investitionen in datengestützte Systeme zu **direkten finanziellen Risiken** führen – etwa durch steigende CO_2-Preise, Strafzahlungen oder entgangene Fördermittel. In der Praxis bedeutet dies: Was als „rechtliche Vorsicht" verkauft wird, kann im Ergebnis **Millionenschäden über Dekaden hinweg** verursachen.

Die Einführung von Predictive Sustainability Intelligence (PSI) verdeutlicht eine oft unterschätzte Problematik: Während Funktionen wie Marketing, Kommunikation oder Vertrieb jede Investition anhand von KPIs, ROI oder Dashboards rechtfertigen müssen, bleiben die ökonomischen Konsequenzen juristischer Entscheidungen meist **unsichtbar**. Rechtsabteilungen können Pilotprojekte für innovative Technologien blockieren – häufig unter dem Banner von „Compliance" oder „Risikovermeidung" – ohne selbst einer vergleichbaren Wertprüfung zu unterliegen.

Dabei handelt es sich keineswegs um neutrale Entscheidungen. Empirische Studien zeigen, dass die **Verzögerung von Digitalisierungsprojekten bis zu 30 % des potenziellen langfristigen Wertbeitrags kosten kann** (McKinsey, 2021). Für mittelständische Unternehmen mit Jahresumsätzen zwischen 10 und 100 Mio. € bedeutet dies, dass das Blockieren von prädiktiven oder KI-gestützten Lösungen über einen Zeitraum von 10 bis 30 Jahren **Verluste in zweistelliger bis dreistelliger Millionenhöhe** nach sich ziehen kann. Diese Schäden materialisieren sich nicht abstrakt, sondern konkret – etwa durch steigende Compliance-Kosten, verpasste Effizienzgewinne oder die Unfähigkeit, ESG-Risiken wie CO_2-Preise und Lieferkettenengpässe frühzeitig zu antizipieren (KPMG, 2023).

Noch deutlicher wird die Dimension bei großen Konzernen: Für ein Unternehmen mit rund 4 Mrd. € Jahresumsatz kann die Blockade von Predictive-Technologien **250–600 Mio. € Schaden innerhalb von zehn Jahren** verursachen – und **über eine Milliarde Euro innerhalb von drei Jahrzehnten**. Was nach juristischer Vorsicht aussieht, entpuppt sich bei genauer Betrachtung als **systemische Wertvernichtung**.

5.4.2 Der EU AI Act als leere Box

Besonders prekär ist die aktuelle Lage rund um den EU AI Act. Während die Verordnung schrittweise in Kraft tritt, sind zentrale Begriffe und konkrete Anforderungen nach wie vor nicht präzise definiert. Dies führt zu einem regulatorischen Paradoxon: Unternehmen sollen Konformität nachweisen, obwohl die Rechtsgrundlage selbst noch unvollständig ist (European Commission, 2023). Erste Anbieter reagieren mit Zertifikaten oder Gütesiegeln, die jedoch häufig mehr einem „Paper Shield" gleichen – sie signalisieren Sicherheit, wo tatsächlich nur rechtliche Grauzonen bestehen. Unternehmen, die auf dieser Basis Projekte blockieren, laufen Gefahr, falsche Sicherheit zu priorisieren und echte Wettbewerbschancen zu verlieren.

Reale Beispiele verdeutlichen diese Problematik. So berichtete eine deutsche Mittelstandsinitiative im Bereich Predictive Maintenance, dass mehrere Pilotprojekte scheiterten, weil Rechtsabteilungen den Einsatz externer Sensordaten mit Verweis auf unklare Datenschutzfragen untersagten – obwohl eine DSGVO-konforme Lösung möglich gewesen wäre (Bitkom, 2022). Auch ein Hochschul-Spin-off wie *predictores.ai* dokumentierte Fälle, in denen die juristische Blockade von Pilotvorhaben zu Innovationsstillstand führte, obwohl Fachbereiche und Datenexperten tragfähige Lösungen vorgelegt hatten (Predictores.ai, 2023). Ein weiteres Beispiel aus der Finanzbranche zeigt, dass Projekte zur frühzeitigen Erkennung von ESG-Risiken gestoppt wurden, da interne Juristen auf formale Unschärfen im EU-Taxonomie-Rahmen verwiesen (EY, 2022). Der ökonomische Schaden bestand darin, dass Risiken erst zu spät erkannt wurden und Investoren Vertrauen verloren.

Das Problem liegt weniger in der Rechtslage selbst als in der isolierten Entscheidungsmacht von Rechtsabteilungen, die ohne Einbindung von Nachhaltigkeitsexperten, Data Scientists und Fachbereichen agieren. Innovation darf jedoch nicht allein aus einer juristischen Perspektive der Risikovermeidung betrachtet werden, sondern muss interdisziplinär bewertet werden: Welche ökologischen, ökonomischen und sozialen Schäden entstehen, wenn Innovationen blockiert werden? Welche Chancen gehen verloren, wenn nachhaltigkeitsorientierte Prognosesysteme nicht eingeführt werden?

Das Paradoxon ist offensichtlich: Während operative Fachbereiche jede Maßnahme quantifizieren und rechtfertigen müssen, dürfen juristische Interventionen ohne ökonomische Folgekalkulation Entscheidungen blockieren – und verursachen dadurch potenziell Schäden in Milliardenhöhe. Ein nachhaltiger Umgang mit Innovation erfordert daher, dass auch Rechtsentscheidungen einem ökonomischen Accountability-Rahmen unterliegen. Nur so lässt sich verhindern, dass die gut gemeinte Minimierung von Risiken in Wahrheit zu massiven Wertverlusten, Wettbewerbsnachteilen und einer Schwächung langfristiger Nachhaltigkeitsziele führt.

Mehrwert der PSI für nachhaltiges Agieren von Rechtsabteilungen

Ein nachhaltiger Plan bedeutet daher, **Recht in den Kontext zu stellen**: Rechtsabteilungen sollten nicht als Gatekeeper, sondern als **Partner in interdisziplinären Governance-Strukturen** agieren. Nur so lässt sich verhindern, dass juristische Engführungen Innovationen blockieren, die für die langfristige Wettbewerbsfähigkeit entscheidend sind. Andernfalls droht eine paradoxe Situation: Rechtsabteilungen, die Risiken minimieren wollen, verursachen durch Innovationsblockaden genau jene **langfristigen Schäden in Millionenhöhe**, die PSI hätte verhindern können. ◄

Insgesamt ist die Implementierung von PSI ein **mehrdimensionaler Transformationsprozess**. Er erfordert technologische Infrastruktur, organisatorische Anpassungen und kulturellen Wandel. Kleine, sichtbare Erfolge – etwa vermiedene Produktionsausfälle oder gesenkte Energiekosten – können als Katalysatoren wirken, um Akzeptanz zu schaffen und die langfristige Verankerung von PSI im Unternehmen zu sichern.

6 Organisatorische Voraussetzungen und Change-Management

Die Integration von Predictive Sustainability Intelligence (PSI) erfordert spezifische organisatorische Voraussetzungen. In diesem Kapitel wird erläutert, welche Strukturen, Ressourcen und kulturellen Grundlagen notwendig sind, um PSI erfolgreich und dauerhaft im Unternehmen zu verankern. Zudem wird aufgezeigt, wie der Wandel durch professionelles Change-Management gestaltet werden kann.

6.1 Voraussetzungen im Unternehmen

Folgende Aspekte sind entscheidend, um PSI wirksam zu etablieren und daraus langfristig wirtschaftlichen, ökologischen und sozialen Nutzen zu ziehen (Abb. 6.1):

6.1.1 Management Buy-in

Ohne die Unterstützung des Top-Managements lässt sich eine nachhaltige Transformation kaum realisieren. Besonders wirksam ist es, wenn ein Vorstand – etwa der CEO oder der für Nachhaltigkeit und Finanzen verantwortliche CFO – als Sponsor fungiert und die Bedeutung von PSI explizit betont. Idealerweise wird PSI Teil der offiziellen Nachhaltigkeitsstrategie (z. B. im Kontext der Sustainable Development Goals oder Science Based Targets). Damit entsteht nicht nur Priorität, sondern auch Legitimation für die Allokation von Ressourcen. Führungskräfte wollen nachvollziehen, wie PSI konkret zur Wertschöpfung beiträgt: etwa durch Energieeinsparungen, effizientere Ressourcennutzung, resilientere Lieferketten

U. Seebacher, J. Forthmann, *Der Nachhaltigkeits-Code*, essentials,
https://doi.org/10.1007/978-3-658-50766-4_6

Abb. 6.1 Schlüsselelemente für den PSI-Erfolg. (Quelle: eigene Darstellung)

oder niedrigere ESG-Risikokosten (KPMG, 2023). Gerade belastbare Datenprognosen können helfen, den Business Case von Nachhaltigkeit sichtbar zu machen.

6.1.2 Interdisziplinäre Zusammenarbeit

PSI bewegt sich an der Schnittstelle von Nachhaltigkeitsmanagement, Data Science und IT. Daher ist es sinnvoll, interdisziplinäre Teams zu bilden – z. B. bestehend aus Nachhaltigkeitsexpert:innen, Datenanalyst:innen, IT-Architekt:innen und Fachbereichsvertreter:innen (z. B. aus Produktion oder HR). Iterative Vorgehensweisen (Scrum, agile Sprints) ermöglichen es, Hypothesen zu testen, Prognosemodelle anzupassen und kontinuierlich zu lernen. PSI kann zudem Impulse geben, Abteilungsgrenzen zu überwinden – etwa wenn Nachhaltigkeit, Einkauf und Controlling erstmals dieselben Datensätze nutzen oder gemeinsame ESG-Dashboards entwickeln.

6.1.3 Budget und Ressourcen

Neue Technologien sowie Kompetenzaufbau erfordern Investitionen. Anfangs entstehen Kosten für Softwarelizenzen, externe Beratung und Schulungen. Ebenso muss Zeit im Team freigehalten werden (z. B. ein Projektleiter PSI mit definiertem Workload). Studien zeigen jedoch, dass Investitionen in digitale Nachhaltigkeitslösungen oft einen positiven ROI erzielen, etwa durch Einsparungen in Energie und Material oder durch niedrigere Finanzierungskosten aufgrund besserer ESG-Ratings (Friede et al., 2015). Gleichwohl muss ein ausreichendes Budget von Beginn an sichergestellt sein – abgebrochene Initiativen untergraben Glaubwürdigkeit und Akzeptanz.

6.1.4 Technische Infrastruktur

Leistungsfähige Systeme sind die Grundlage für prädiktive Analysen. Dazu gehören Cloud-Services, sichere Datenspeicher, Schnittstellen zu internen und externen Datenquellen (z. B. Energieverbrauchsdaten, Klimamodelle, Lieferantendatenbanken, Satellitendaten). Die Infrastruktur sollte skalierbar sein, da Datenmengen mit wachsender Komplexität der Nachhaltigkeitsberichte und regulatorischen Anforderungen (z. B. CSRD, EU-Taxonomie) stark zunehmen werden.

6.1.5 Vorhandene Datenbasis

Eine möglichst breite Datenhistorie ist entscheidend für die Qualität der Prognosen. Dazu gehören Energiedaten, Produktions- und Logistikdaten, Lieferketteninformationen, HR- und CRM-Daten, aber auch ESG-Reportings vergangener Jahre. Unternehmen, die über wenig strukturierte Nachhaltigkeitsdaten verfügen, starten quasi auf einem „weißen Blatt" – hier sind Prognosegüten anfangs niedriger. In solchen Fällen können externe Benchmarks (z. B. CDP, Branchenreports) oder Kooperationen mit Partnern genutzt werden, um die Datenbasis zu erweitern (Rockström et al., 2009).

6.2 Change-Management und Mitarbeiter-Einbindung

Technologieeinführungen können Unsicherheit auslösen – insbesondere, wenn sie bestehende Routinen infrage stellen. Ein durchdachtes Change-Management ist deshalb für PSI unerlässlich. Folgende Elemente haben sich bewährt (Abb. 6.2):

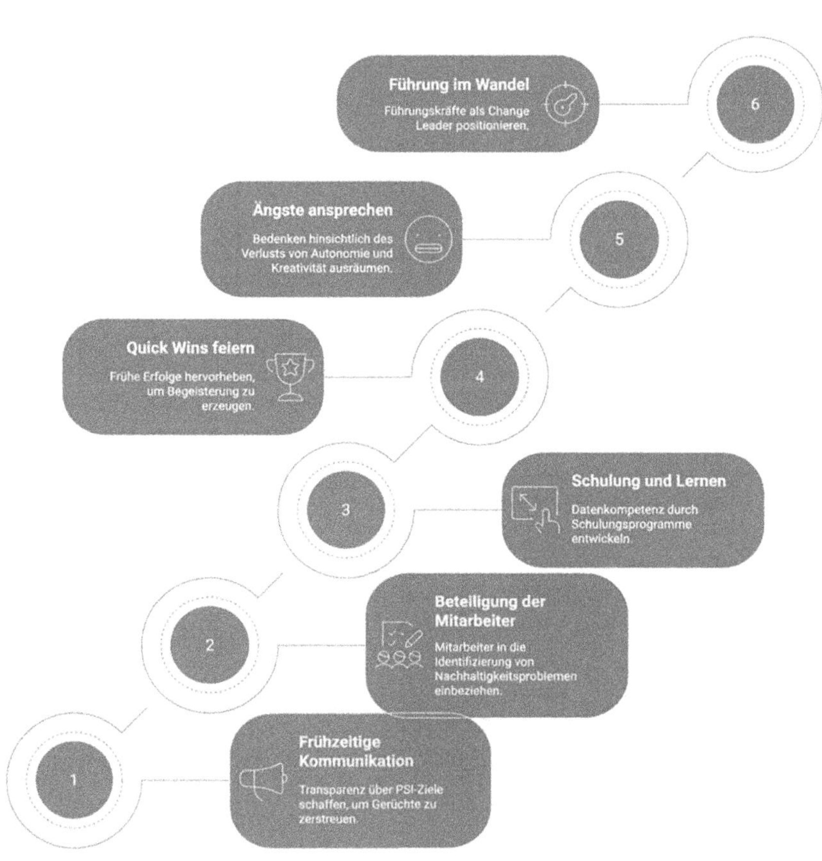

Abb. 6.2 Change Management Komponenten im Kontext von PSI. (Quelle: eigene Darstellung)

- **Frühzeitige Kommunikation**:
  Die Belegschaft sollte früh erfahren, welche Ziele mit PSI verfolgt werden. Transparenz verhindert Gerüchte wie „Nachhaltigkeit ist nur ein Kontrollinstrument“ und verdeutlicht, dass es um Wertschöpfung, Zukunftssicherung und ökologische Verantwortung geht.
- **Beteiligung und Mitsprache**:
  Mitarbeiter können gezielt eingebunden werden: Welche Nachhaltigkeitsprobleme im Arbeitsalltag könnten durch Datenanalysen gelöst werden? Welche Prozesse sind ineffizient? Solche Fragen in Workshops oder Surveys steigern Akzeptanz und Praxisnähe.
- **Schulungen und Lernkultur**:
  Datenkompetenz ist essenziell. Trainings zu ESG-Daten, Klimamodellen und KI-gestützten Prognosen helfen, Vertrauen in die Methoden aufzubauen. Mentoring-Modelle, E-Learnings oder externe Zertifikatskurse (z. B. Data Analytics for Sustainability) können dies flankieren. Wichtig ist eine Lernkultur, die Experimente zulässt – Fehler sind Teil des Lernprozesses.
- **Quick Wins feiern**:
  rühe Erfolge – z. B. 10 % Energieeinsparung in einer Pilotanlage oder die erfolgreiche Prognose von Lieferkettenrisiken – müssen sichtbar gemacht werden. Storytelling und interne Kommunikation helfen, Begeisterung zu erzeugen.
- **Ängste ernst nehmen**:
  Manche Beschäftigte befürchten, durch den Fokus auf Daten an Autonomie oder Kreativität zu verlieren. Hier gilt es zu betonen, dass PSI Entscheidungsprozesse unterstützt, nicht ersetzt. Menschliche Erfahrung und Urteilskraft bleiben zentral – die KI filtert lediglich Datenmengen und macht Muster sichtbar.
- **Führung im Wandel**:
  Führungskräfte müssen als „Change Leader“ agieren – visionär, aber auch empathisch. Sie sollten selbst Lernbereitschaft zeigen und Erfolge nach innen wie außen kommunizieren. Sichtbarkeit auf Konferenzen oder in Nachhaltigkeitsberichten stärkt die Glaubwürdigkeit des Unternehmens (Kastner et al., 2025).

6.3 Mögliche Stolpersteine

Die Einführung von PSI ist komplex. Typische Hürden umfassen (Abb. 6.3):

Abb. 6.3 PSI-Stolpersteine. (Quelle: eigene Darstellung)

- **Datenqualität unzureichend**:
  Fehlende oder fehlerhafte Nachhaltigkeitsdaten führen zu schwachen Prognosen. Abhilfe schaffen einheitliche Standards (z. B. GRI, SASB) und strukturierte Datenerfassung.
- **Überschätzte Erwartungen**:
  Prognosemodelle liefern Wahrscheinlichkeiten, keine Garantien. Unerwartete Ereignisse wie Pandemien oder geopolitische Krisen können Modelle überfordern („Black Swan"-Ereignisse; Taleb, 2007). Erwartungsmanagement ist deshalb entscheidend.
- **Widerstand im Team**:
  Gerade in traditionellen Branchen stoßen datengetriebene Ansätze auf Skepsis. Hier hilft es, Nutzen und Erfolge sichtbar zu machen und Beteiligung zu fördern.
- **Integration in laufende Prozesse**:
  Nachhaltigkeitsabteilungen sind oft schon stark ausgelastet (z. B. durch Reportingpflichten). Daher muss PSI in bestehende Prozesse integriert werden, statt zusätzliche Belastungen zu schaffen.
- **Technische und regulatorische Unsicherheiten**:
  Technische Probleme oder regulatorische Unklarheiten (z. B. EU AI Act) können Projekte verzögern. Wichtig ist, früh mit IT und Legal zusammenzuarbeiten und regulatorische Entwicklungen eng zu verfolgen.

Indem Unternehmen diese Stolpersteine antizipieren, steigern sie die Erfolgsaussichten erheblich. Der Wandel hin zu einer prädiktiven Nachhaltigkeitsorganisation ist herausfordernd, eröffnet jedoch die Chance, ökonomische Effizienz, ökologische Verantwortung und soziale Resilienz zu verbinden – und damit ein zukunftsfähiges Geschäftsmodell zu etablieren.

7 Herausforderungen, ethische Aspekte und Ausblick

Zum Abschluss der inhaltlichen Kapitel beleuchten wir die Herausforderungen und ethischen Implikationen, die mit Predictive Sustainability Intelligence (PSI) verbunden sind, und geben einen Ausblick darauf, wie sich PSI in den kommenden Jahren entwickeln dürfte.

7.1 Ethische und datenschutzrechtliche Überlegungen

Der Einsatz von PSI bietet enorme Chancen für nachhaltige Unternehmensführung, wirft jedoch auch sensible ethische und regulatorische Fragen auf. Besonders im europäischen Kontext ist die Einhaltung von Prinzipien wie Datenschutz (DSGVO) und Transparenz unverzichtbar. PSI arbeitet häufig mit sensiblen Daten – etwa zu Energieverbräuchen, Lieferketten, Mitarbeitenden oder Investoren. Auch Daten aus öffentlich zugänglichen Quellen wie Satellitenbildern, Wetterdaten oder Nachhaltigkeitsratings unterliegen einer sorgfältigen rechtlichen Prüfung. Daher ist ein „Privacy by Design"-Ansatz essenziell, also die frühzeitige Integration von Datenschutzprinzipien in die Systemarchitektur, inklusive Pseudonymisierung, Nachvollziehbarkeit und klaren Löschfristen (European Commission, 2023).

Ein weiteres ethisches Problem ist die Gefahr algorithmischer Verzerrungen. Wenn Prognosen auf historischen Nachhaltigkeitsdaten beruhen, können bestehende Ungleichheiten unbewusst fortgeschrieben werden. So könnte ein Modell beispielsweise Zulieferer aus Entwicklungsregionen systematisch schlechter bewerten, weil frühere Risikoanalysen diese Regionen häufiger als problematisch markierten – unabhängig von realen Verbesserungen. Solche Verzerrungen können

U. Seebacher, J. Forthmann, *Der Nachhaltigkeits-Code*, essentials,
https://doi.org/10.1007/978-3-658-50766-4_7

zu Diskriminierung führen und nachhaltige Transformation behindern. Bias Detection und -Korrektur ist daher zentral – durch diverse Trainingsdaten, kontinuierliche Audits und interdisziplinäre Teams, die blinde Flecken erkennen (Buolamwini & Gebru, 2018).

Auch Transparenz der Entscheidungslogik ist entscheidend. Wenn PSI etwa empfiehlt, bestimmte Lieferanten zu meiden oder CO_2-intensive Produktionsschritte zu reduzieren, muss nachvollziehbar sein, wie diese Empfehlung zustande kam. Erklärbare KI (Explainable AI) ist hier nicht nur eine technische, sondern auch eine regulatorische und kommunikative Notwendigkeit. Führungskräfte müssen diese Empfehlungen sowohl intern als auch extern – etwa gegenüber Aufsichtsgremien, Investoren oder NGOs – glaubwürdig vertreten können.

Ein besonders sensibles Feld ist die Grenze zwischen präventiver Steuerung und manipulativer Einflussnahme. Wenn PSI-Systeme genau vorhersagen, welche politischen oder regulatorischen Maßnahmen wann wahrscheinlich eintreten, besteht die Versuchung, diese Informationen nicht zur nachhaltigen Anpassung der Unternehmensstrategie, sondern zu aggressivem Lobbying einzusetzen. Hier braucht es klare ethische Leitplanken, um den legitimen Einsatz von Prognosen zur Risikominimierung von einer missbräuchlichen Einflussnahme auf politische Prozesse zu unterscheiden.

Schließlich gilt das Prinzip „Human-in-the-Loop". PSI darf nicht als voll automatisiertes Entscheidungssystem agieren, sondern muss stets menschliches Urteil einschließen. Nachhaltigkeitsentscheidungen sind komplex und betreffen ökologische wie soziale Dimensionen, die sich nicht vollständig in Daten abbilden lassen. Menschen tragen letztlich die Verantwortung – nicht Algorithmen. Unternehmen sollten dies in internen Leitlinien und Trainings verankern. Studien zeigen, dass viele Firmen zwar digitale Nachhaltigkeitstools einsetzen, aber noch keine reifen Governance-Strukturen entwickelt haben, um ethische Risiken zu adressieren.

7.2 Gefährliche Industriespezifizierung

Die jüngste Forschung rund um prädiktive Intelligenz hat einen nüchternen Befund gefestigt: **Wissenschaftlich valide, evidenzbasierte Predictive Intelligence unterscheidet sich primär nach unternehmerischen Funktionen – nicht nach Branchen**. Methodisch-strukturell beruhen die meisten Ansätze auf denselben Fundamenten (Modellklassen, Resampling, Regularisierung, Feature-Engineering);

das, was „branchenspezifisch“ erscheint, sind **informative Variablen** innerhalb derselben algorithmischen Rahmenwerke (Shmueli & Koppius, 2011; Hastie et al., 2009; Domingos, 2012). Mit anderen Worten: Energie-, HR-, Supply-Chain- oder Finanz-Use-Cases lassen sich mit ähnlichen methodischen Bausteinen lösen; was wechselt, ist die Domänenrepräsentation in den Features.

7.2.1 Funktion vor Branche

Diese Sicht wird durch drei Linien der Evidenz gestützt. **Erstens** zeigt die Management- und IS-Forschung seit Jahren, dass Analytics **funktionsübergreifend** Wettbewerbsfähigkeit stiftet – unabhängig von der Industrie (Davenport & Harris, 2017; Davenport & Ronanki, 2018). **Zweitens** belegen Forecasting-Wettbewerbe, dass robuste, methodisch saubere Verfahren **über Domänen hinweg** überzeugen: In der M4-Competition schnitten allgemeine, häufig ensemble-basierte Methoden quer durch Branchen konsistent stark ab (Makridakis et al., 2018). **Drittens** zeigt die ML-Theorie, dass es kein „magisches Branchen-Verfahren“ gibt – die **No-Free-Lunch-Theoreme** erinnern daran, dass Generalisierbarkeit aus sauberer Modellierung, nicht aus Etiketten wie „Automotive-KI“ oder „Retail-KI“ folgt (Wolpert & Macready, 1997).

Wir brauchen Anwendungs-spezifische KI-Lösungen - und keine Industrie-spezifischen

Daraus folgt eine wichtige Konsequenz: **Industrie-spezifische „KI-Lösungen“** sollten kritisch geprüft werden. Häufig handelt es sich primär um **Feature-Pakete und Vorverarbeitung**, nicht um genuin neue Methodik. Ob ein System nachhaltige Nachfrage, CO_2-Intensität, Ausfallrisiken in Lieferketten oder Mitarbeiterfluktuation prognostiziert – die **methodisch-strukturellen Prinzipien** bleiben: saubere Problemformulierung, Daten-Governance, Train/Validation-Splits, Kreuzvalidierung, Regularisierung, Drift-Monitoring und Wirkungs-Evaluation (Kuhn & Johnson, 2013; Sculley et al., 2015). ◄

Gerade im Kontext von **Predictive Sustainability Intelligence (PSI)** ist diese Trennschärfe zentral. PSI benötigt **funktionsspezifische** Module (z. B. Energie-/Ressourcen-Optimierung, Lieferketten-Risiko, Workforce-Resilienz, Emissions-Forecasting), die **branchenagnostisch** einsetzbar sind und erst über die **Domänenfeatures** angepasst werden. Dies schafft Vergleichbarkeit, vermeidet Doppelarbeit und erhöht die externe Validität (Shmueli & Koppius, 2011).

7.2.2 Stand-Alone führt zu Overfitting

Ein Kernrisiko vermeintlich maßgeschneiderter, **unternehmensinterner „Standalone"-Modelle** ist **Overfitting** – methodisch wie organisatorisch. Werden Modelle ausschließlich auf einem Firmen-Datensatz entwickelt, steigt die Gefahr, dass sie **idiosynkratische Muster** lernen, die außerhalb dieses Mikrokosmos nicht tragen (Hastie et al., 2009; Kuhn & Johnson, 2013). Hinzu kommt das oft übersehene Risiko **Data Leakage**, das die scheinbare Performance künstlich aufbläht (Kaufman et al., 2012). Solche Systeme wirken im Piloten beeindruckend, brechen aber im Rollout ein – besonders, wenn Regulatorik, Marktbedingungen oder Liefernetze sich ändern.

Die Alternative ist eine **breit abgestützte, wissenschaftlich pilotierte Modellbasis**, die **industrie-, sektor- und größenübergreifend** entwickelt und validiert wurde, wie dies im Rahmen des international führenden Forschungs-Spin-Offs predictores.ai zur Anwendung kommt. Mechanismen wie **Transfer- und Multitask-Learning** zeigen, wie sich Wissen zwischen Aufgaben und Domänen teilen lässt, ohne in Überanpassung zu verfallen (Pan & Yang, 2010; Caruana, 1997). Aus Sicht der Kausalinferenz spricht man von **Transportabilität**: Ergebnisse gewinnen an Glaubwürdigkeit, wenn sie über Populationen hinweg übertragbar sind – und genau das verlangt breit diversifizierte Trainings- und Testumgebungen (Pearl & Bareinboim, 2014).

Für **PSI-Einkaufs- und Architekturentscheidungen** folgt daraus ein klarer Prüfmaßstab:

1. **Methodik vor Marketing**: Verlange dokumentierte, peer-review-kompatible Verfahren (Daten-/Feature-Pipelines, Resampling-Design, Hyperparameter-Suche, Drift-Kontrollen) statt „Branchen-Buzzwords" (Domingos, 2012; Sculley et al., 2015).
2. **Out-of-sample-Belege**: Bestehe auf **externen, domänenübergreifenden** Validierungen (M4-ähnliche Benchmarks, Cross-Industry-Holdouts) – nicht nur auf internen Backtests (Makridakis et al., 2018).
3. **Generalisierbarkeit & Transport**: Prüfe, ob Modelle **zwischen Funktionen** (z. B. Energie ↔ Logistik) und **zwischen Branchen** stabil bleiben, oder ob sie auf spezielle Datenartefakte angewiesen sind (Pearl & Bareinboim, 2014).
4. **Governance & Datenqualität**: Heterogene ESG-Datenlagen (z. B. divergierende Ratings) erfordern robuste Datensynthese, Unsicherheits-Quantifizierung und Sensitivitätsanalysen (Berg et al., 2022).

5. **Wirkung statt nur Gütemaße**: Neben RMSE/AUC braucht PSI **preskriptive** Kennzahlen (vermeidene tCO_2e, vermiedene Ausfälle, finanzieller Impact), um echte Steuerungsfähigkeit zu belegen (Bertsimas & Kallus, 2020).

Beispiel

Kritisch-inspirierende Pointe: **Validität ist eine Frage der Funktion, nicht der Folklore.** Branchenlabels sind nützlich für den Vertrieb, aber selten Garanten für wissenschaftliche Solidität. Wer PSI als **unternehmensinterne Einzelanfertigung** baut, kauft sich nicht nur technische Schulden ein (Sculley et al., 2015), sondern riskiert **fehlende Transportabilität** – genau das Gegenteil dessen, was resiliente, regulierungsfeste Nachhaltigkeitssteuerung benötigt. Wer dagegen auf **breit pilotierte, methodisch saubere, funktionsorientierte** Modelle setzt und Domänenwissen dort einbringt, wo es hingehört – in die Features –, minimiert Overfitting, erhöht Evidenz und gewinnt das, worauf es in der Transformation ankommt: **Generalisierbare Prognosen mit realer, nachweisbarer Wirkung** (Davenport & Harris, 2017; Shmueli & Koppius, 2011). ◄

7.3 Zukünftige Entwicklungen und Ausblick

Der Blick nach vorn zeigt: Predictive Sustainability Intelligence (PSI) befindet sich 2025 noch im Aufbau, wird jedoch in den nächsten Jahren exponentiell an Bedeutung gewinnen. Schon jetzt lassen sich Entwicklungen abzeichnen, die weit über kurzfristige Trends hinausweisen und die Grundlagen für eine neue Weltordnung der Unternehmensführung im Jahr 2040 und darüber hinaus schaffen.

7.3.1 Mehr Echtzeit und Antizipation

Bis 2030 wird PSI nicht nur dokumentieren, sondern Nachhaltigkeitsentwicklungen in Echtzeit simulieren und antizipieren. Unternehmen werden Szenarien durchspielen wie: *„Wie wirkt sich ein CO_2-Preis von 150 € pro Tonne auf unsere Lieferkette aus, wenn gleichzeitig eine Dürre in Südostasien und eine Energiekrise in Europa eintritt?“ Diese What-if-Labore verwandeln sich bis 2040 in dynamische*

Decision Orchestration Engines, die Millionen Variablen gleichzeitig modellieren. Damit wird nicht nur die Resilienz einzelner Organisationen gestärkt, sondern auch die **Systemstabilität ganzer Volkswirtschaften**.

7.3.2 Neue Datenökologien und digitale Zwillinge

Bereits 2025 entstehen erste sektorale digitale Zwillinge, doch bis 2040 wird PSI über **globale, interdependente Zwillingssysteme** verfügen – ganze Städte, Ökosysteme und Märkte werden in Echtzeit abgebildet. EU-Initiativen wie *Destination Earth (DestinE)* markieren nur den Anfang. Künftig werden Klima-, Biodiversitäts- und Sozialindikatoren über Satelliten, Sensoren und citizen-driven Data Feeds integriert, um **planetare Grenzen** in die tägliche Steuerung von Unternehmen einzubetten. Diese Datenökologie wird zugleich inklusiver: Nicht nur Unternehmen, sondern auch NGOs, Städte und Gemeinschaften erhalten Zugang zu denselben Vorhersagemodellen.

7.3.3 Integration zu holistischen Intelligence Hubs

PSI wird nicht länger als isoliertes Tool betrachtet, sondern sich bis 2035 in **Predictive Intelligence Hubs** transformieren, die Nachhaltigkeit, Finanzen, HR, Marke und Strategie in einem übergreifenden System verbinden. Predictive Workforce Intelligence hilft bei der Entwicklung nachhaltiger Arbeitsmodelle, Predictive Brand Intelligence stärkt Employer Branding über ESG-Daten, und Predictive Finance Intelligence verankert ökologische Indikatoren in Investitionsentscheidungen. Das Ergebnis sind **symbiotische Organisationsarchitekturen**, in denen Nachhaltigkeit nicht als Zusatz, sondern als zentraler Werttreiber codiert ist.

7.3.4 Von FIBS zu TIES

Die FIBS-Welt – geprägt von *Fake News, Isolating Bubble Filters, Burgeoning Populism, Storms of Conspiracy Theries* – wird sich bis 2040 zunehmend in eine TIES-Welt verwandeln: *Truth, Inclusion, Equity, Sustainability* (Seebacher & Mittelbach, 2026). Diese Transformation ist kein linearer Prozess, sondern Ergebnis einer tiefgreifenden Kombination aus technologischen Lösungen, kulturellen Verschiebungen und institutioneller Neuausrichtung. PSI ist dabei ein Schlüsselwerkzeug, um systemische Pathologien der FIBS-Ära zu überwinden: *Greenwashing wird durch transparente Datensimulationen unmöglich, kurzfristige Gewinnmaximierung weicht langfristigen Nachhaltigkeitsrenditen, und Exklusion wird durch algorithmisch gestützte Inklusion ersetzt.*

7.3.5 Höhere Akzeptanz, Normierung und Planetary Governance

Mit der CSRD und den ESRS wird PSI zunächst in Europa institutionalisiert. Doch bis 2040 entstehen **globale PSI-Normen**, die im Rahmen einer *UN Council for Predictive Governance* durchgesetzt werden. Scope-3-Emissionen, Biodiversitätsindikatoren oder Wasserstress-Indizes werden nicht nur berichtet, sondern prädiktiv gesteuert. Unternehmen ohne PSI gelten bis dahin als nicht investierbar. Gleichzeitig wird eine neue **Transparenzkultur** entstehen: Stakeholder erwarten, dass Unternehmen ihre Zukunftsprognosen ebenso offenlegen wie heutige Finanzberichte.

7.3.6 Return to Human und Co-Kreation

Je stärker Nachhaltigkeitsberichte durch KI generiert werden, desto wichtiger werden Authentizität, Empathie und moralische Führung. Das *Edelman Trust Barometer (2024)* zeigt bereits heute, dass Vertrauen besonders dann entsteht, wenn Botschaften von realen Menschen stammen. Bis 2040 wird sich diese Logik radikalisieren: Unternehmen, die ausschließlich auf automatisierte Berichte setzen, verlieren Glaubwürdigkeit. PSI liefert die Evidenz, doch **Menschen geben ihr Sinn** – Mitarbeitende, Wissenschaftler:innen und Stakeholder:innen werden zu Co-Autor:innen von Zukunftsszenarien. So entsteht eine **Ko-Intelligenz**, in der Technologie Skalierung und Präzision liefert, während Menschen Ethik und Orientierung beisteuern.

7.3.7 Über 2040 hinaus – die PSI-getriebene Gesellschaft

Die tiefste Vision liegt darin, dass PSI nicht nur Unternehmensführung transformiert, sondern das **gesellschaftliche Betriebssystem**. Im Jahr 2050 könnte jede größere politische oder wirtschaftliche Entscheidung auf PSI-Szenarien beruhen, die soziale Gerechtigkeit, ökologische Tragfähigkeit und ökonomische Resilienz gleichzeitig abbilden. In der TIES-Welt ist PSI nicht nur ein Instrument der Wertschöpfung, sondern ein **kultureller Imperativ**: eine neue Art, Verantwortung zu definieren – jenseits von Shareholder Value hin zu *Futureholder Value*.

7.4 Fazit und Ausblick: Der Weg in unsere nachhaltige Zukunft

Wir stehen an einem Wendepunkt. Predictive Sustainability Intelligence (PSI) ist nicht nur ein technisches Werkzeug, sondern eine neue Form des Denkens. Es zwingt uns, Verantwortung nicht länger retrospektiv, sondern prospektiv wahrzunehmen – nicht nur zu erklären, was war, sondern zu antizipieren, was kommt. In einer Welt, die von Klimakrisen, sozialen Spannungen und ökonomischen Brüchen geprägt ist, eröffnet PSI die Chance, Unsicherheit in Voraussicht zu verwandeln und aus reaktiver Schadensbegrenzung eine proaktive Gestaltungskraft zu machen.

Doch dieser Weg ist kein einfacher. Er erfordert nicht in erster Linie *mehr* Fachwissen – davon haben wir bereits genug. Was uns fehlt, sind Methoden- und Strukturkompetenz, die Fähigkeit, Zusammenhänge zu erkennen, Prioritäten zu setzen und Ressourcen dorthin zu lenken, wo sie den größten nachhaltigen Effekt haben. Wer in dieser neuen Ära bestehen will, muss lernen, sich selbst neu zu denken: weniger als Wissenssammler, mehr als Systemarchitekt.

PSI lehrt uns, dass die Zukunft nicht zufällig geschieht, sondern modelliert, simuliert, gestaltet werden kann. Aber dafür braucht es Mut, gewachsene Routinen zu hinterfragen, Silos zu überwinden und interdisziplinär zu handeln. Es braucht die Bereitschaft, nicht nur für den nächsten Quartalsbericht, sondern für die kommenden Generationen zu planen. Und es braucht die Demut zu erkennen, dass keine KI, kein Modell und kein Algorithmus je die menschliche Verantwortung ersetzen wird, die mit Macht und Wissen einhergeht.

Dieses Buch möchte nicht nur Werkzeuge liefern, sondern einen Impuls setzen: Nutzen wir die Möglichkeiten von Predictive Sustainability Intelligence, um eine bewusstere **Post Growth Economy** zu gestalten – eine Wirtschaft, die Wachstum nicht mehr allein in finanziellen Kennzahlen misst, sondern in Resilienz, Fairness und Zukunftsfähigkeit. Jeder Einzelne, jede Organisation, jede Institution ist eingeladen, Teil dieser Bewegung zu sein.

Wenn wir den Mut haben, aus der Vergangenheit zu lernen, die Gegenwart klar zu sehen und die Zukunft vorausschauend zu gestalten, dann kann aus der Krise der Klimawandels eine Chance erwachsen: die Chance, unsere Gesellschaft, unsere Unternehmen und uns selbst neu zu erfinden. PSI ist dabei nicht das Ziel, sondern das Instrument – ein Werkzeug, das uns befähigt, das Notwendige zu tun, bevor es zu spät ist.

Am Ende bleibt die zentrale Frage: Werden wir die Zukunft passiv erleiden – oder werden wir die Architekten einer nachhaltigen Welt sein?

Was Sie aus diesem *essential* mitnehmen können

- **PSI als strategischer Kulturwandel** – Predictive Sustainability Intelligence (PSI) ist weit mehr als ein Tool: Es transformiert Denkweisen, Prozesse und Strukturen, indem es vorausschauendes, datenbasiertes Handeln in Unternehmen verankert.
- **Funktion vor Branche** – Nachhaltige Prognosemodelle unterscheiden sich nicht nach Industrien, sondern nach unternehmerischen Funktionen. Industriespezifische „Kreativlösungen" bergen die Gefahr des Overfittings und verlieren an Validität.
- **Strukturierte Implementierung** – Ein vierphasiger Prozess von Pilotprojekten bis zur institutionellen Verankerung bildet die Basis für erfolgreiche PSI-Einführung. Wesentlich sind Management-Buy-in, interdisziplinäre Teams und eine solide Datenstrategie.
- **Governance und Accountability** – Rechtliche und regulatorische Unsicherheiten (z. B. EU AI Act) dürfen Innovation nicht blockieren. Fehlentscheidungen in Rechtsabteilungen ohne ökonomische Folgekalkulation verursachen langfristig Schäden in Milliardenhöhe.
- **Sustainable Futures als Zielbild** – PSI ermöglicht Unternehmen nicht nur ökonomische Wertsteigerung, sondern auch ökologische Resilienz und soziale Verantwortung – ein entscheidender Schritt in Richtung einer Post-Growth-Ökonomie und einer TIES-Welt (Truth, Inclusion, Equity, Sustainability).

U. Seebacher, J. Forthmann, *Der Nachhaltigkeits-Code*, essentials,
https://doi.org/10.1007/978-3-658-50766-4

Literatur[1]

Berg, F., Kölbel, J., & Rigobon, R. (2022). Aggregate confusion: The divergence of ESG ratings. *Review of Finance, 26*(6), 1315–1344. https://doi.org/10.1093/rof/rfac033

Bertsimas, D., & Kallus, N. (2020). From predictive to prescriptive analytics. *Management Science, 66*(3), 1025–1044.

Bitkom. (2022). *Predictive Maintenance im Mittelstand: Chancen, Herausforderungen und Praxisbeispiele*. Bitkom e. V. https://www.bitkom.org

Buolamwini, J., & Gebru, T. (2018, January). Gender shades: Intersectional accuracy disparities in commercial gender classification. In *Conference on fairness, accountability and transparency* (pp. 77–91). PMLR.

Caruana, R. (1997). Multitask learning. *Machine Learning, 28*, 41–75. https://doi.org/10.1023/A:1007379606734

Chen, H., Chiang, R. H., & Storey, V. C. (2012). Business intelligence and analytics: From big data to big impact. *MIS Quarterly*, 1165–1188.

Cohen, N. (2019, April 10). *IBM sees the value of putting AI to work in human resources*. Phys.org. Abgerufen von https://techxplore.com/news/2019-04-ibm-ai-human-resources.html

Davenport, T. H., & Harris, J. G. (2017). *Competing on analytics: The new science of winning* (Updated Aufl.). Harvard Business Review Press.

Davenport, T. H., & Ronanki, R. (2018). Artificial intelligence for the real world. *Harvard Business Review, 96*(1), 108–116.

Domingos, P. (2012). A few useful things to know about machine learning. *Communications of the ACM, 55*(10), 78–87. https://doi.org/10.1145/2347736.2347755

Ellen MacArthur Foundation. (2015). *Towards a Circular Economy: Business Rationale for an Accelerated Transition*. Ellen MacArthur Foundation.

[1] Abkürzungen: Im Literaturverzeichnis sind alle zitierten Quellen in voller Länge nach APA-Richtlinien aufgeführt. Internetquellen enthalten das Abrufdatum. Bei englischsprachigen Titeln wurde der Originaltitel beibehalten.

U. Seebacher, J. Forthmann, *Der Nachhaltigkeits-Code*, essentials,
https://doi.org/10.1007/978-3-658-50766-4

European Commission. (2023). *Proposal for a Regulation of the European Parliament and of the Council laying down harmonised rules on Artificial Intelligence (Artificial Intelligence Act)*. European Commission. https://eur-lex.europa.eu

EY. (2022). *Sustainable Finance und EU-Taxonomie: Herausforderungen für Unternehmen und Finanzinstitute*. Ernst & Young GmbH. https://www.ey.com

Friede, G., Busch, T., & Bassen, A. (2015). ESG and financial performance: Aggregated evidence from more than 2000 empirical studies. *Journal of Sustainable Finance & Investment, 5*(4), 210–233.

Gabler, C., Seebacher, T., & Seebacher, U. (2025). Case study predictive communication intelligence for educational institutions. In U. Seebacher, J. Forthmann, & T. Mickeleit (Hrsg.), *Mastering CommTech. Future of business and finance*. Springer. https://doi.org/10.1007/978-3-031-90302-1_14

Hastie, T., Tibshirani, R., & Friedman, J. (2009). *The elements of statistical learning* (2. Aufl.). Springer. https://doi.org/10.1007/978-0-387-84858-7

Holland, C., Levis, J., Nuggehalli, R., Santilli, B., & Winters, J. (2017). UPS optimizes delivery routes. *INFORMS Journal on Applied Analytics, 47*(1), 8–23. https://doi.org/10.1287/inte.2016.0875

Kastner, C., Hesmer, D., & Krings, W. (2025). *Führung im Wandel*. Springer.

Kaufman, S., Rosset, S., Perlich, C., & Stitelman, O. (2012). Leakage in data mining: Formulation, detection, and avoidance. *ACM Transactions on Knowledge Discovery from Data, 6*(4), Article 15. https://doi.org/10.1145/2382577.2382579

KPMG. (2022). *Big Shifts, Small Steps: Survey of Sustainability Reporting 2022*. KPMG International.

KPMG. (2023). *The ESG imperative: How data and analytics drive sustainable value*. KPMG International.

Krings, W., Nissen, A., & Seebacher, U. (2025). Mastering cultural intelligence in the era of commtech and predictive communication intelligence. In T. Mickeleit, J. Forthmann, & U. Seebacher (Hrsg.), *Mastering CommTech: Unlocking the potential of digital transformation in corporate communications*. Springer.

Kuhn, M., & Johnson, K. (2013). *Applied predictive modeling*. Springer. https://doi.org/10.1007/978-1-4614-6849-3

Latouche, S. (2009). *Farewell to Growth*. Polity Press.

Legat, C., & Seebacher, U. (2025). *Predictive Brand Intelligence – Game Changer in der Markenführung*. predictores.ai.

Makridakis, S., Spiliotis, E., & Assimakopoulos, V. (2018). The M4 competition: Results, findings, conclusion. *International Journal of Forecasting, 34*(4), 802–808. https://doi.org/10.1016/j.ijforecast.2018.06.001

Manyika, J., Chui, M., Brown, B., Bughin, J., Dobbs, R., Roxburgh, C., & Byers, A. H. (2011). *Big Data: The Next Frontier for Innovation, Competition, and Productivity*. McKinsey Global Institute.

McKinsey & Company. (2021). *The case for digital reinvention*. McKinsey Digital.

Pan, S. J., & Yang, Q. (2010). A survey on transfer learning. *IEEE Transactions on Knowledge and Data Engineering, 22*(10), 1345–1359. https://doi.org/10.1109/TKDE.2009.191

Pearl, J., & Bareinboim, E. (2014). External validity: From do-calculus to transportability across populations. *Statistical Science, 29*(4), 579–595. https://doi.org/10.1214/14-STS486

Predictores.ai. (2023). *Corporate Whitepaper: Predictive Intelligence in Sustainable Futures*. predictores.ai.

Rockström, J., Steffen, W., Noone, K., et al. (2009). Planetary boundaries: Exploring the safe operating space for humanity. *Ecology and Society, 14*(2), 32.

Sculley, D., et al. (2015). Hidden technical debt in machine learning systems. In *Proceedings of the 28th NIPS* (S. 2503–2511).

Seebacher, U. (2021a). Datengetriebenes Management. In *Wie Sie die richtigen Grundlagen legen*. Springer Gabler.

Seebacher, U. (2021b). *Predictive Intelligence für Manager: Der einfache Weg zur datengetriebenen Unternehmensführung-mit Self-Assessment, Vorgehensmodell und Fallstudien*. Springer.

Seebacher, U. (2024). *Unternehmenskommunikation neu gestalten*. Springer Gabler.

Seebacher, U., & Forthmann, J. (2025). *Predictive Communication Intelligence – Wie Organisationen ihre Kommunikationsperformance datenbasiert transformieren*. Springer Gabler.

Seebacher, U., & Mittelbach, D. (2026). *The Predictive Architect – How Emotional, Cultural, and Predictive Intelligence Will Shape the Intelligent Enterprise*. DeGryter Brill.

Seebacher, U., & Zacharias, U. (2025). *Sustainable Futures with Predictive Intelligence for Organizations in a Post-Growth Economy*. CRC Press Routledge.

Seebacher, U., & Zacharias, U. (2026). *Sustainable Futures with Predictive Intelligence for Organizations in a Post-Growth Economy*.

Seebacher, U., Forthmann, J., & Mickeleit, T. (2025). Mastering CommTech: Unlocking the potential of digital transformation in corporate communications. Springer Nature.

Senge, P. M. (2006). *The fifth discipline: The art and practice of the learning organization* (Rev. Aufl.). Doubleday/Currency.

Shmueli, G., & Koppius, O. R. (2011). Predictive analytics in information systems research. *MIS Quarterly, 35*(3), 553–572. https://doi.org/10.2307/23042796

Taleb, N. N. (2007). *The Black Swan: The Impact of the Highly Improbable*. Random House.

Vaughan, A. (2016, July 20). Google uses AI to cut data centre energy use by 15%. *The Guardian*. Abgerufen von https://www.theguardian.com/environment/2016/jul/20/google-ai-cut-data-centre-energy-use-15-per-cent

Wolpert, D. H., & Macready, W. G. (1997). No free lunch theorems for optimization. *IEEE Transactions on Evolutionary Computation, 1*(1), 67–82. https://doi.org/10.1109/4235.585893

GPSR Compliance
The European Union's (EU) General Product Safety Regulation (GPSR) is a set of rules that requires consumer products to be safe and our obligations to ensure this.

If you have any concerns about our products, you can contact us on

ProductSafety@springernature.com

In case Publisher is established outside the EU, the EU authorized representative is:

Springer Nature Customer Service Center GmbH
Europaplatz 3
69115 Heidelberg, Germany

www.ingramcontent.com/pod-product-compliance
Ingram Content Group UK Ltd.
Pitfield, Milton Keynes, MK11 3LW, UK
UKHW021959190726
13853UKWH00004B/1624
* 9 7 8 3 6 5 8 5 0 7 6 5 7 *